城市轨道交通职业教育系列教材——城轨供电技术
CHENGSHI GUIDAO JIAOTONG ZHIYE JIAOYU XILIE JIAOCAI
CHENGGUI GONGDIAN JISHU

城市轨道交通继电保护

主编 ○ 方 彦

西南交通大学出版社
·成 都·

内容简介

本书是高等职业教育城市轨道交通供电技术专业教材。本书以目前应用于城市轨道交通系统的典型继电保护及自动装置为对象，从传统继电保护知识入手，由浅入深引导学生了解并掌握城市轨道交通继电保护及自动装置的相关知识，熟悉相关继电保护的测试内容，培养其继电保护方面分析问题的能力。本书内容主要包括继电器、城轨交通供电交流保护、变压器保护、城轨交通供电直流保护和保护测控装置。本书除可作为高等职业教育的教材，也可作为城轨供电专业职业技能培训的教材使用，同时还可供从事城轨交通供电运行与管理的相关人员参考。

图书在版编目（CIP）数据

城市轨道交通继电保护 / 方彦主编. —成都：西南交通大学出版社，2017.1（2023.1 重印）
城市轨道交通职业教育系列教材. 城轨供电技术
ISBN 978-7-5643-5183-0

Ⅰ.①城… Ⅱ.①方… Ⅲ.①城市铁路–轨道交通–继电保护–高等职业教育–教材 Ⅳ.①U239.5

中国版本图书馆 CIP 数据核字（2016）第 319542 号

城市轨道交通职业教育系列教材——城轨供电技术

城市轨道交通继电保护

主编　方　彦

责 任 编 辑	李芳芳
助 理 编 辑	张文越
封 面 设 计	何东琳设计工作室
出 版 发 行	西南交通大学出版社 （四川省成都市二环路北一段 111 号 西南交通大学创新大厦 21 楼）
发行部电话	028-87600564　028-87600533
邮 政 编 码	610031
网　　　址	http://www.xnjdcbs.com
印　　　刷	成都中永印务有限责任公司
成 品 尺 寸	185 mm×260 mm
印　　　张	8.25
字　　　数	165 千
版　　　次	2017 年 1 月第 1 版
印　　　次	2023 年 1 月第 2 次
书　　　号	ISBN 978-7-5643-5183-0
定　　　价	20.00 元

课件咨询电话：028-87600533
图书如有印装质量问题　本社负责退换
版权所有　盗版必究　举报电话：028-87600562

前　言

城轨交通继电保护是一门理论性、技术性、实践性均很强的专业核心课。全书力求结合职业教育的特点，结合现阶段城市轨道交通现场设备的实际使用情况，将常规继电保护的基本原理与现代微机保护技术有机地结合起来。全书注重基本概念、原理、结构的分析以及分析方法和思路的培养。

本书可作高等职业教育城市轨道交通供电技术专业教材，内容相对全面，体系结构规范，每章后有习题，便于学生学习。第1章从继电保护的基本概念入手，介绍了继电保护的原理、构成、分类，对继电保护装置的要求以及城市轨道交通继电保护的发展等知识。第2章从不同类型的继电器出发，学习有关电磁型继电器的基本知识及新型继电器，力求从最简方式入手，巩固学生的基本知识。第3章根据城轨交通交流供电系统的保护配置，介绍反应相间短路的电流保护与电压保护、反应接地短路的零序电流保护、光纤纵差保护等的相关原理，以及整定计算等理论知识。第4章介绍了变压器纵联差动保护、变压器非电气量保护与后备保护的相关原理、整定计算及接线等理论知识。第5章针对城轨交通直流系统的运行特点，在城轨供电方式的基础上，介绍其保护配置，以及牵引整流机组保护和直流保护等理论知识。第6章介绍微机保护、综合自动化系统、自动重合闸及备用电源自动投入等理论知识。

本书由西安铁路职业技术学院方彦主编并负责全书的统稿工作。全书编写分工如下：方彦编写第1章、第5.1、5.2、5.4节和第6.2节；苗斌编写第4章和第6.1、6.4节；闫泊编写第2章；张格学编写第5.3节；王利刚编写第6.3节。本书在编写过程中得到了西安地铁张格学、王利刚、中铁建谢辉等的大力支持和帮助，在此深表谢意。

本书是一本校企合作编写的教材，由于编者对城轨交通供电设备资料了解有限，加上水平有限，不全面、不妥之处在所难免，欢迎广大读者提出宝贵意见和建议。

编　者
2017年1月

目 录

1 绪 论 ………………………………………………………………………… 1
  1.1 继电保护的基本知识 …………………………………………………… 1
  1.2 继电保护的原理与分类 ………………………………………………… 3
  1.3 对继电保护装置的基本要求 …………………………………………… 6
  1.4 继电保护的发展 ………………………………………………………… 9

2 继 电 器 …………………………………………………………………… 11
  2.1 继电器概述 ……………………………………………………………… 11
  2.2 常用电磁型继电器 ……………………………………………………… 14
  2.3 其他新型继电器 ………………………………………………………… 21

3 城轨供电交流保护 …………………………………………………………… 24
  3.1 常见交流电流保护原理 ………………………………………………… 24
  3.2 电压保护 ………………………………………………………………… 38
  3.3 城轨供电交流保护 ……………………………………………………… 40

4 变压器保护 …………………………………………………………………… 44
  4.1 变压器的保护方式 ……………………………………………………… 44
  4.2 变压器的非电量保护 …………………………………………………… 46
  4.3 变压器的纵联差动保护 ………………………………………………… 51
  4.4 变压器相间短路的后备保护 …………………………………………… 56
  4.5 变压器接地短路的后备保护 …………………………………………… 58

5 城轨供电直流保护 …………………………………………………………… 61
  5.1 城轨牵引供电方式 ……………………………………………………… 61
  5.2 城轨供电直流系统保护配置 …………………………………………… 63
  5.3 牵引整流机组继电保护 ………………………………………………… 65
  5.4 直流保护 ………………………………………………………………… 74

6 保护测控装置 ·· 87
　6.1 微机保护 ··· 87
　6.2 综合自动化系统 ··· 96
　6.3 自动重合闸 ·· 101
　6.4 备用电源自投 ··· 112

参考文献 ··· 125

1 绪 论

1.1 继电保护的基本知识

1.1.1 短路故障

电力系统是由发电机、变压器、输电线路及许多电气设备组成的庞大而复杂的网络。构成网络的大量元件，一方面要经常受到自然环境的影响，例如冰雪、风雨、雷电、飞鸟等自然环境的影响；另一方面，这些设备在制造、安装和检修过程中，难免遗留下某些隐患，以及在运行过程中产生的绝缘老化、值班人员误操作等原因都可能影响其性能。由于上述原因，电力系统可能发生各种故障和出现不正常运行状态。

电力系统发生故障是指由于系统中某一元件的正常运行状态遭到破坏而无法正常供电的一种特殊状况。最常见也是最危险的故障是各种形式的短路故障，其中包括三相短路、两相短路、两相接地短路、不同地点的两点接地短路、单相接地短路，以及电机和变压器绕组的匝间短路等。除了短路故障外，还可能发生输电线路的断线故障，或在不同地点同时发生上述某几种故障的复故障。

短路故障将会引起下列严重后果：

（1）短路点通过很大的短路电流，此电流形成的电弧有可能烧毁发生故障的元件。

（2）短路电流通过其他非故障元件时，产生很大的热量和电动力，使这些元件的使用寿命缩短或使其损坏。

（3）电力系统发生故障处附近的电压急剧下降，影响用户的正常用电。

（4）使电力系统各发电厂之间并联运行的稳定性受到破坏，引起系统振荡，甚至可能使整个电力系统解列。

电力系统出现不正常运行状态，是指系统中电气元件的正常工作遭到破坏，但未发展成为故障时的情况。最常见的不正常运行状态是过负荷运行。电气设备长期过负荷运行，会加速设备的绝缘老化，或者损坏设备，严重时还可能发展成为故障。此外，系统的振荡、低频率运行等也属于不正常运行状态。

电力系统中的故障和不正常运行状态都可能引起系统事故。所谓系统事故，是指系统的全部或部分的正常运行状态遭到破坏，并由此造成对用户的供电中断，或供电质量改变到不能容许的程度，甚至造成人身伤亡或设备损坏等。

电力系统是一个整体，系统中的各元件之间有着密切的联系，当某一个元件发生故障时，会立即影响到其他非故障元件的正常运行，使故障范围扩大，甚至可能发展成为严重的事故。因此，一旦发生故障，应迅速切除故障元件。切除故障元件的时间，常常要求小到十分之几秒，甚至百分之几秒。在这样短暂的时间内，由运行人员来发现故障元件，并将故障元件从电力系统中切除是不可能的，因此，目前普遍利用继电保护装置来完成这个任务。

1.1.2 继电保护的概念及任务

所谓"继电"，是指电路的相互更替和延续，利用电路的这种相互更替和延续而构成的电力系统的保护措施称为继电保护。

继电保护装置是指能够对电力系统元件故障和不正常运行状态作出反应，并能使断路器跳闸或发出信号的一种自动装置。这种装置的主要作用是：

（1）当被保护元件发生故障时，能自动、迅速且有选择地借助断路器将故障元件从电力系统中切除，以保证系统的其他元件正常运行，并使故障元件免于继续遭受损坏。

（2）感知电气元件的不正常运行状态，并根据运行维护的条件（如有无经常值班人员），而作出发出信号、减负荷或跳闸的反应。此时一般不要求保护迅速动作，而是根据电力系统及其元件的危害程度规定一定的延时，以免不必要的动作和由于干扰而引起的误动作。

（3）与自动重合闸配合，恢复由于瞬时自消性故障引起的保护动作跳闸，迅速恢复供电，提高供电可靠性。

1.1.3 继电保护装置维护的基本知识

1. 物理环境

（1）防止机械性撞击。

（2）储存/工作于合适的环境温度或湿度中。

（3）使用过程中要确保安装固定、牢靠，接线完整、牢靠。

2. 整定及校验

（1）根据供电系统情况，计算机保护整定值，选择合适的继电保护装置。

（2）根据产品使用说明书及注意事项，正确整定。

（3）根据继电保护试验的相关规程，定期对保护装置实行校验。

（4）做好事故后继电保护装置的校验工作。

1.1.4 继电保护装置维护的相关规程

与继电保护装置维护相关的规程很多，但其中最重要的是国标《继电保护和安全自动装置技术规程》(GB14285—93)，该规程规定了电力系统继电保护和安全自动装置的科研、设计、制造、施工及运行相关部门须共同遵守的基本原则。它适用于3 kV及以上电力系统中电力设备和线路的继电保护和安全自动装置，是相关部门共同遵守的技术规程。

1.1.5 城轨供电系统继电保护作用

在城市轨道交通的运营中，供电一旦中断不仅会造成城市轨道交通运输的瘫痪，还会危及乘客生命安全和造成财产的损失。因此，高度安全、可靠而又经济合理的电力供给是城市轨道交通正常运营的重要保证和前提。

城市轨道交通供电系统作为电力系统的组成部分，一是为城市轨道交通列车提供牵引电能，二是为城市轨道交通车站提供动力照明电能。城轨供电系统由多个电气设备及传输线路组成，系统中各个电气设备及线路之间相互关联、相互影响。当系统中某个设备或者某条线路由于某种原因发生短路时，可能会对短路点附近的电气设备造成不能恢复的破坏，对非近端电气设备同样有损坏；也可能由于大电流产生的高热量而致使电气元件使用寿命缩短。这就要求在短路电流未达到稳态时，就要切除对故障点的供电以消除短路电流。然而短路电流的上升时间只有短暂的几十到几百毫秒，显然通过人工操作的方式切除局部供电是不现实的，配置快速准确的继电保护装置意义重大。

城轨供电系统继电保护不仅具有快速解除短路故障危害的性能，还具有对各种故障隐患进行预防和识别的能力，是确保供电系统能够正常运行的重要部分，在城市轨道交通供电系统中占据着举足轻重的地位。

1.2 继电保护的原理与分类

1.2.1 继电保护的原理

为了完成继电保护装置的任务，继电保护装置必须做到：

（1）能正确区分被保护元件的工作状态。

（2）能正确识别是保护区内故障，还是保护区外故障。

为实现这两点，保护装置需要对电力系统发生故障前后电气物理量的特征变化进行识别。准确识别被保护设备的电气量在故障前后的突变信息，是继电保护装置的基本要求。

电力系统发生故障后，工频电气量变化的主要特征如下：

（1）电流增大。短路时故障点与电源之间的电气设备和输电线路上的电流将急剧增加，大大超过正常运行时的负荷电流。

（2）电压降低。当发生相间短路和接地短路故障时，系统各点的相间电压或相电压值下降，且越靠近短路点，电压越低。

（3）电流与电压之间的相位角改变。正常运行时电流与电压间的相位角是负荷的功率因数角，一般约为 20°；三相短路时，电流与电压之间的相位角是由线路的阻抗角决定的，一般为 60°～85°；而在保护反方向三相短路时，电流与电压之间的相位角则是 180°+（60°～85°）。

（4）测量阻抗发生变化。测量阻抗的值为保护安装处电压与电流之比值。正常运行时，测量阻抗为负荷阻抗；金属性短路时，测量阻抗为线路阻抗。故障后测量阻抗显著减小，而阻抗角增大。不对称短路时，出现负序分量，如两相及单相接地短路时，出现负序电流和负序电压；单相接地时，出现负序和零序电流和电压分量。这些分量在正常运行时是不出现的。

继电保护就是以这些变化的物理量为基础，及时反应电力系统故障，根据反应物理量的不同，可构成以下各种不同类型的继电保护：

（1）反应电流变化，如电流速断、定时限过流、反时限过流及零序电流保护等。

（2）反应电压改变，如低电压保护和过电压保护。

（3）既反应电流又反应电流、电压间相位变化，如方向过流保护。

（4）反应电压与电流的比值，即反应故障点至保护安装处阻抗，如距离保护。

（5）反应输入电流、输出电流差，如差动保护。

如图 1-1 所示为牵引变电所 27.5 kV 馈线过电流保护原理图。它表明过电流保护装置由电流继电器 KA、时间继电器 KT、信号继电器 KS 组成，并通过电流互感器 TA 和断路器分闸线圈 YT 与主电路联系在一起。正常时，由于负荷电流经电流互感器变流后流入电流继电器线圈的电流值小于 KA 的动作值，所以各继电器均处于正常状态，常开触点断开。断路器处于合闸位置的动作状态，其常开辅助触点 QF_1 闭合。

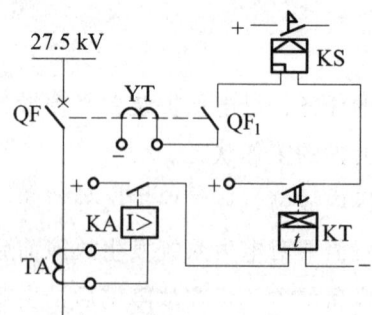

图 1-1 27.5 kV 馈线过电流保护原理图

当一次电路发生电路故障时，馈线电流增大，TA 的二次电流也随之增大。当二次电流增大至 KA 的整定动作值时，KA 动作，其常开触点闭合，接通了 KT 线圈的直流回路，其带时限的常开触点延时闭合，使直流电源的正极经 KT 的常开触点、KS 的线圈、断路器的常开辅助触点 QF_1、分闸线圈 YT 与直流电源的负极接通，分闸线圈 YT 受电，断路器 QF 操作机构动作，使断路器跳闸，自动切除故障线路。同时，信号继电器 KS 受电动作，其触点转换，发出分闸信号。

1.2.2 继电保护装置的构成

各种类型的继电保护，在组成上一般都具有测量部分、逻辑部分及执行部分等三部分，其组成框图如图 1-2 所示。

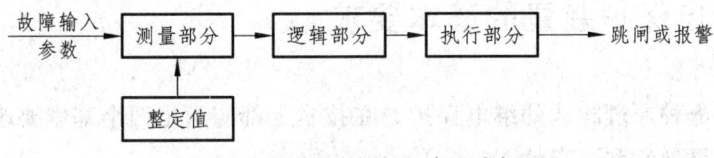

图 1-2 继电保护的系统组成框图

（1）测量部分。它主要完成对被保护对象工作状态的一个或几个物理量的采集工作，并将采集结果与保护整定相比较，比较结果将用于下一步的逻辑运算。如根据比较结果，给出"是""非""大于""不大于"等具有"0"或"1"性质的一组逻辑信号，从而判断保护是否应该启动。

（2）逻辑部分。根据测量与整定的比较结果，由逻辑作出判断，以决定保护装置采取何种反应。如根据测量部分各输出量的大小、性质、输出的逻辑状态出现的顺序或它们的组合，使保护装置按一定的逻辑关系工作，最后确定是否应该使断路器跳闸或发出信号，并将有关命令传给执行部分。继电保护中常用的逻辑逻辑回路有"或""与""否""延时启动""延时返回"及"记忆"等回路。

（3）执行部分。执行逻辑运算做出的决定，将逻辑运算结果通过电气执行回路完成报警、跳闸或保持不动作。如故障时，动作于跳闸；不正常运行时，发出信号；正常运行时，不动作等。

1.2.3 继电保护的分类

按照不同的原则，可以将继电保护分为不同的类型。

（1）根据被保护对象不同，分为发电厂、变电所电气设备的继电保护和输电线路的继电保护。前者是指发电机、变压器、母线和电动机等元件的继电保护，简称为元件保护；后者是指电力网及电力系统中输电线路的继电保护，简称线路保护。

（2）根据保护反应物理量的不同，分为电流保护、电压保护、距离保护、差动保护和瓦斯保护等。

（3）根据保护装置的组成元件不同，分为感应型、电磁型、晶体管型、集成电路型及微机型保护装置等。

（4）按作用的不同，可分为主保护、后备保护和辅助保护。辅助保护是指为了补充主保护和后备保护的不足而增设的简单保护。

（5）按操作电源性质的不同，可以分为直流操作电源保护和交流操作电源保护。继电保护装置需有操作电源供给保护回路、断路器分合闸及信号等二次回路。因蓄电池是一种独立电源，工作可靠，通常在发电厂和变电所中，继电保护的操作电源是由蓄电池直流系统供电，其缺点是投资较大、维护麻烦。交流操作电源的投资少、维护简便但可靠性差，一般应用于中小型变电所，特别是农村小型变电所中。

1.3　对继电保护装置的基本要求

无论根据哪种原理构成的继电保护，在技术上都应满足四个基本要求，即选择性、速动性、灵敏性和可靠性。

1.3.1　选择性

选择性有两层含义：一是当电力系统某一元件发生故障时，电力系统中很大范围内的电气量都将发生变化，因此，位于此范围内的继电保护装置都有可能动作，这样势必造成大面积的停电。为了缩小电力系统的停电范围，要求保护装置只将发生故障的元件切除掉。二是当由于某种原因，距离短路点最近的保护装置或断路器拒绝动作时，相邻元件的保护装置应起后备作用。

例如图1-3中，当k_1点发生短路故障时，应由故障线路上的保护1和保护2动作，将故障线路切除，这时变电所B则仍可由另一条非故障线路继续供电。当k_3点发生短路故障时，应由线路的保护6动作，使6处的断路器跳闸，将故障线C-D切除，这时只有变电所D停电。由此可见，继电保护有选择性的动作可将停电范围限制到最小，甚至可以做到不中断对用户的供电。

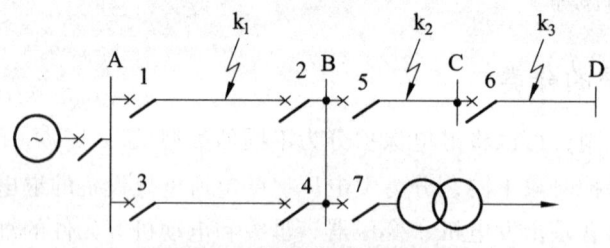

图1-3　选择性动作说明图

当k_3点发生短路故障时，距短路点最近的保护6应动作切除故障，但由于某种原因，该处的保护或断路器拒动，故障便不能消除，此时，如其前一条线路（靠近电源侧）的保护5动作，故障也可消除，故将保护5称为保护6的后备保护。同理保护1和3应该作为保护5和7的后备保护。这种后备作用是通过相邻元件的保护装置，且在远处实现的，故称为远后备保护。一般情况下，远后备保护动作切除故障时将使供电中断的范围扩大。

在复杂的高压电网中，当实现远后备保护有困难时，也可采用近后备保护的方式。即当本元件的主保护拒绝动作时，由本元件的另一套保护作为后备保护。由于这种后备保护作用是在主保护安装处实现，所以称为近后备保护。

应当指出，远后备保护的性能是比较完善的，它对相邻元件的保护装置、断路器、二次回路和直流电源引起的拒绝动作，均起到后备作用，同时实现简单、经济。因此在电压较低的线路上应优先采用，只有当远后备不能满足灵敏度和速动性的要求时，才考虑采用近后备的方式。

选择性是保证安全供电的基本条件之一，在设计保护方案与进行保护装置的整定计算时，必须首先满足选择性的要求。

1.3.2 速动性

速动性是指故障发生后，继电保护装置应能尽快地动作切除故障，以减少设备及用户在大电流、低电压状态下的运行时间，降低设备的损坏程度，提高系统并列运行的稳定性。动作迅速而又能满足选择性要求的保护装置，一般结构都比较复杂，价格昂贵，对大量的中、低压电力设备来说，不一定都有必要采用高速动作的保护。对保护速动性的要求应根据电力系统的接线和被保护设备的具体情况，经技术经济比较后确定。

一般必须快速切除的故障有以下几种：

（1）使发电厂或重要用户的母线电压低于有效值（一般为0.7倍额定电压）。

（2）大容量的发电机、变压器和电动机内部故障。

（3）中、低压线路导线截面过小，为避免过热不允许延时切除的故障。

（4）可能危及人身安全、对通信系统或轨道交通信号造成强烈干扰的故障。

在高压电网中，维持电力系统的暂态稳定性往往成为继电保护快速性的决定性因素，故障切除越快，暂态稳定极限（维持故障切除后系统的稳定性所允许的故障前输送功率）越高，越能发挥电网的输电效能。

故障切除时间包括保护装置和断路器动作时间，一般快速保护的动作时间为 0.04~0.08 s，最快的可达 0.01~0.04 s，一般断路器的跳闸时间为 0.06~0.15 s，最快的可达 0.02~0.06 s。

但应指出，要求保护切除故障达到最小时间并不是在任何情况下都是合理的，必须根据技术条件来确定。实际上对不同电压等级和不同结构的电网，切除故障的最小时间有不同的要求。例如，对于 35~60 kV 的配电网络，一般为 0.5~0.7 s；对于 110～330 kV 的高压电网为 0.15～0.3 s；500 kV 及以上的超高压电网为 0.1～0.12 s。目前国产的继电保护装置，在一般情况下完全可以满足上述电网对快速切除故障的要求。

对于反应不正常运行情况的继电保护装置，一般不要求快速动作，而应按照选择性的条件，带延时地发出信号。

1.3.3 灵敏性

灵敏性是指电气设备或线路在被保护范围内发生短路故障或不正常运行情况时，保护装置的反应能力。能满足灵敏性要求的继电保护，在规定的范围内故障时，不论短路点的位置、短路的类型以及短路点是否有过渡电阻，都能正确反应动作。即要求在系统最大运行方式下发生三相短路时能可靠动作，在系统最小运行方式下发生经过较大的过渡电阻的两相或单相短路故障时也能可靠动作。

系统最大运行方式是指系统等效阻抗最小、被保护线路末端短路，通过保护装置的短路电流为最大的运行方式；系统最小运行方式就是在同样短路故障情况下，系统等效阻抗为最大，通过保护装置的短路电流为最小的运行方式。

保护装置的灵敏性通常用灵敏系数来衡量。灵敏系数用 K_{sen} 表示，计算方法如下。

（1）对于反应故障参量增加的保护装置

$$K_{sen}=\frac{保护区末端金属性短路时故障参数的最小计算值}{保护装置动作整定值} \quad (1.1)$$

例如，反应相间短路的过电流保护的灵敏系数为

$$K_{sen}=\frac{I^{(2)}_{k \cdot min}}{I_{act}} \geqslant 1.5 \quad (1.2)$$

式中，$I^{(2)}_{k \cdot min}$ 为保护范围末端两相短路时的最小故障电流，单位为 A；I_{act} 为过电流保护的动作电流值，单位为 A。

（2）对于反应故障参量降低的保护装置

$$K_{sen}=\frac{保护装置动作整定值}{保护区末端金属性短路时故障参数的最大计算值} \quad (1.3)$$

例如，反应电压降低而动作的低电压保护的灵敏系数为

$$K_{sen}=\frac{U_{act}}{U_{k \cdot max}} \geqslant 1.2 \quad (1.4)$$

式中，$U_{k \cdot max}$ 为保护范围末端短路时，保护安装处母线最大残余电压，单位为 V；U_{act} 为低电压保护的动作电压值，单位为 V。

故障参数如电流、电压和阻抗等的计算，应根据实际可能的最不利的运行方式和故障类型来进行。

灵敏性增加，即增加了保护动作的信赖性，但有时与安全性相矛盾。对不同作用的保护及被保护的设备和线路，所要求的灵敏系数不同。

1.3.4 可靠性

可靠性是对继电保护最根本的要求，是指被保护范围内发生故障时，保护装置动作的可靠程度，即不误动、不拒动。不误动是要求继电保护在不需要它动作时可靠不动作，不拒动是要求继电保护在规定的保护范围内发生了应该动作的故障时可靠动作。

可靠性取决于保护的工作原理、装置本身的制造质量、保护回路的连接和运行维护的水平。一般而言，保护的工作原理越简单、保护装置的组成元件质量越高、回路接线越简单，保护的工作就越可靠。同时，正确的调试、整定、运行及维护，对于提高保护的可靠性都具有重要的作用。

继电保护的误动和拒动都会给电力系统带来严重危害。然而，提高不误动与提高不拒动的措施往往是矛盾的。由于不同的电力系统结构不同，电力元件在电力系统中的位置不同，误动和拒动的危害程度不同，所以提高可靠性的侧重点在不同的情况下有所不同。例如，对于母线保护，由于它的误动将会给电力系统带来严重后果，因此更强调不误动的安全性，一般是以两套保护出口触点串联后启动跳闸回路的方式。在城市轨道交通供电系统中，考虑到工作人员和乘客的安全，"宁误动不拒动"成为主要策略。

以上四个基本要求是设计、配置和维护继电保护的依据，又是分析评价继电保护的基础。这四个基本要求之间是相互联系的，但往往又存在着矛盾。因此在实际工作中，根据电网的结构和用户的性质，要辩证地进行统一。

1.4 继电保护的发展

继电保护技术是随着电力系统自动化技术的发展而发展的。

最早的继电保护，是当发生短路故障时，对反应线路电流增大的电流保护。通常采用的熔断器（保险丝）就是一种最简单的电流保护。但是，随着电力系统的发展，熔断器已远远不能满足电力系统保护的要求，而出现了继电器。继电器反应电流的变化，并使断路器跳闸，这就形成了所谓"继电保护"。

最早出现的继电器是安装于油断路器上直接反应一次短路电流，并作用于断路器的一次式电磁型过电流继电器。19世纪初，随着电力系统的发展，继电器开始广泛应用于电力系统的保护，这个时期可认为是继电保护技术发展的开端。1901年，出现了利用感应型电流继电器构成的过电流保护，1908年提出了以比较被保护线路两端电流为基础的电流差动保护。1910年起，开始采用方向电流保护，1920年初制成了距离保护装置。1927—1928年，开始出现利用被保护线路传递高频载波电流的高频保护。20世纪50年代，出现了利用故障点产生的行波实现快速继电保护的设想，经过二十余年的研究，行波保护装置诞生。随着光纤通信在电力系统中的大量采用，利用光纤通道的继电保护得到了广泛应用。

在继电保护原理飞速发展的同时，构成继电保护装置的元件、材料、保护装置的结构形式和制造工艺也发生了巨大的变革，经历了机电式保护装置、静态保护装置和数字式保护装置三个发展阶段。

20世纪50年代，随着晶体管的发展，出现了晶体管保护装置。这种保护装置体积小、动作速度快、无机械转动部分，经过二十余年的研究与实践，晶体管保护装置的抗干扰问题从理论到实际都得到了解决。20世纪70年代，在我国大量采用晶体管保护。20世纪80年代后期，静态继电保护装置由晶体管式向集成电路式过渡，后者成为静态继电保护的主要形式。

20世纪60年代末，有人提出了用小型计算机实现继电保护的设想，但当时由于小型计算机价格昂贵，难于实际采用。随着微处理器技术的快速发展和价格的急剧下降，在20世纪70年代后期，便出现了性能比较完善的微机保护样机并投入运行。20世纪80年代，微机保护在硬件和软件技术方面已趋于成熟。进入90年代，微机保护已在我国大量应用，微机型继电保护装置的主运算器由8位机、16位机发展到数字信号处理器（DSP）。这种由计算机技术构成的继电保护称为数字式继电保护。此外，由于计算机网络提供数据信息共享的优越性，微机保护可以占有全系统的运行数据和信息，应用自适应原理和人工智能方法使保护原理、性能和可靠性得到进一步的发展和提高，使继电保护技术向着网络化、智能化、自适应和保护、测量、控制、数据通信于一体的方向不断发展。

复习思考题

1. 什么叫继电保护？继电保护的作用是什么？
2. 继电保护装置维护时整定及校验的内容是什么？最重要的规程是哪一个？
3. 电力系统发生故障时，工频电气量变化的主要特征有哪些？能构成哪些保护？
4. 以过电流保护为例，画出过电流保护的原理图，并说明其动作原理。
5. 继电保护装置由哪几部分组成？其作用是什么？
6. 试述对继电保护装置的要求。
7. 继电保护灵敏系数的定义是什么？
8. 什么是系统最大运行方式？什么是系统最小运行方式？

2 继电器

2.1 继电器概述

继电器是一种电控制器件，当输入量的变化达到规定要求时，在电气输出电路中使被控量发生预定的阶跃变化的一种电器。继电器具有输入电路（又称感应元件）和输出电路（又称执行元件）之间的互动关系。当感应元件的输入量（如电流、电压、频率、温度等）的变化达到某一定值时，继电器动作，执行元件便接通或断开控制电路。继电器实际上是用小电流去控制大电流运作的一种"自动开关"，在电路中起着自动调节、安全保护、转换电路等作用。它广泛应用于电力保护、生产过程自动化及各种自动、远动、遥控、遥测和通信等自动化装置中，是现代自动化系统中最基本的电器元件之一。

2.1.1 继电器的分类

继电器的种类很多，按动作原理可分为电磁型继电器、感应型继电器、整流型继电器、晶体管型继电器、热继电器、加速度继电器等；按输入信号的性质可分为电流继电器、电压继电器、脉冲继电器、频率继电器、功率继电器、阻抗继电器、温度继电器、速度继电器、压力继电器等；按被控电路负荷可分为微功率继电器（0.5 A 以下）、小功率继电器（0.5～1 A）、中功率继电器（1～10 A）、大功率继电器（10 A 以上）；按防护特征可分为封闭式继电器、密封式继电器和敞开式继电器；按用途可分为控制继电器和保护继电器。控制继电器包括中间继电器、时间继电器等，保护继电器包括热继电器、电流继电器和电压继电器等。

2.1.2 继电器的主要技术参数

1. 继电器的型号

$$[1][2]—[3]$$

其中[1]代表继电器的工作原理，[2]代表继电器的用途，[3]表示设计序号。

继电器的型号含义如表 2-1 所示。

表 2-1　继电器的型号含义

第一位（原理代号）	第二位（用途代号）	
D　"电"磁型	L　电"流"继电器	FL　"负"序电"流"继电器
L　整"流"型	Y　电"压"继电器	FY　"负"序电"压"继电器
G　"感"应型	G　"功"率型继电器	T　"同"步继电器
B　"半"导体型	S　"时"间继电器	CH　"重合"闸继电器
J　"极"化或"晶"体管型	X　"信"号继电器	ZS　"中"间延"时"继电器
Z　"组"合型	Z　"中"间继电器	DP　"低频"继电器
W　"微"机型	P　"平"衡继电器	D　接"地"继电器
S　"数"字型		

例如：DL-11/10 电流继电器的型号代表如下：

D—电磁型；L—电流型继电器；11—设计序号；10—最大电流 10 A

2. 继电器的主要技术参数

（1）额定工作电压是指继电器正常工作时所规定的线圈电压的标称值，也就是控制电路的控制电压。根据继电器的型号不同，可以是交流电压，也可以是直流电压。

（2）额定工作电流是指电器正常工作时所规定的线圈电流的标称值。

（3）直流电阻是指继电器中线圈的直流电阻，可以通过万用表测量。

（4）吸合电流是指继电器能够产生吸合动作的最小电流。在正常使用时，给定的电流必须略大于吸合电流，这样继电器才能稳定地工作。而对于线圈所加的工作电压，一般不要超过额定工作电压的 1.5 倍，否则会产生较大的电流而把线圈烧毁。

（5）释放电流是指继电器产生释放动作的最大电流。当继电器吸合状态的电流减小到一定程度时，继电器就会恢复到未通电的释放状态，这时的电流远远小于吸合电流。

（6）触点切换电压和电流是指继电器允许加载的电压和电流。它决定了继电器能控制电压和电流的大小，使用时不能超过此值，否则很容易损坏继电器的触点。

2.1.3　继电器技术的发展

微电子技术和超大规模 IC 的飞速发展对继电器也提出了新的要求。第一是小型化和片状化，如 IC 封装的军用 TO-5（8.5 mm × 8.5 mm × 7.0 mm）继电器，它具有很高的抗振性，可使设备更加可靠。第二是组合化和多功能化，能与 IC 兼容、可内置放大器，要求灵敏度提高到微瓦级。第三是全固体化，固体继电器灵敏度高，可防电磁干扰和射频干扰。

计算机技术的普及使得微机用继电器的需求量显著增加，带微处理器的继电器将迅速发展。80 年代初，美国生产的数字式时间继电器就可用指令对继电器进行控制，继电器与微处理器的组合发展，可形成一个小巧完善的控制系统。由计算机控制的工业机器人目前以每年 3.5% 的速度增长，现在，计算机控制的生产体制已能在一条生产线上生产多种低成本的继电器，并可自动完成多种操作及测试工作。

通信技术的发展对继电器的发展具有深远的意义：一方面是由于通信技术的迅速发展使整个继电器的应用增加；另一方面，由于光纤将是未来信息社会传输的主动脉，在光纤通信、光传感、光计算机、光信息处理技术的推动下将出现光纤继电器、舌簧管光纤开关等新型继电器。

光电子技术对于继电器技术将产生巨大的促进作用，为实现光计算机的可靠运行，目前已试制出双稳态继电器。

新型特殊结构材料、新分子材料、高性能复合材料、光电子材料，还有吸氧磁性材料、感温磁性材料、非晶体软磁材料的发展对研制新型磁保持继电器、温度继电器、电磁继电器都具有重要的意义，并必将出现新原理、新效应的继电器。

随着微型和片式化技术的提高，继电器将向二维、三维尺寸只有几毫米的微型和表面贴装化方向发展。现在国际上有些厂家生产的继电器，体积只有 5~10 年前的 1/4~1/8。因为电子整机在减小体积时，需要高度不超过其他电子元件的更小的继电器。通信设备厂家对密集型继电器的需求更加热切，日本 Fujitsu Takamisawa 公司生产的一种 BA 系列超密集信号继电器的大小只有 14.9（W）mm × 7.4（D）mm × 9.7（H）mm，主要用于传真机和调制解调器，能承受 3 kV 的波动电压。该公司推出的 AS 系列表面安装继电器的体积仅为 14（W）mm × 9（D）mm × 6.5（H）mm。

在功率继电器领域尤其需要安全可靠的继电器，如高绝缘性继电器。日本 Fujitsu TaKamisawa 推出的 JV 系列功率继电器内含五个放大器，采用高绝缘性小截面设计，尺寸为 17.5（W）mm × 10（D）mm × 12.5（H）mm。由于机芯和外缘之间采用强化绝缘系统，其绝缘性能达到 5 kV。日本 NEC 推出的 MR82 系列功率继电器的功耗只有 200 mW。

在继电器内部装入各种放大、延时、消触点抖动、灭弧、遥控、组合逻辑等电路可使其具有更多的功能。随着 SOP 技术（Small Outline Package）的突破，生产厂家有可能把越来越多的功能集成到一起。而继电器与微处理器的组合将具备更广泛的专门控制功能，从而实现高智能化。

新技术的成群崛起，将促进不同原理、不同性能、不同结构和用途的各类继电器竞相发展。在科技进步、需求牵引以及敏感、功能材料发展的推动下，特种继电器，如温度、射频、高压、高绝缘、低热电势以及非电量控制等继电器的性能将日趋完善。

2.2 常用电磁型继电器

2.2.1 电磁型继电器的结构和工作原理

1. 电磁型继电器的结构

电磁型继电器的主要结构有电磁机构和触头系统，包括电磁铁、线圈、可动衔铁、止挡、触点和反作用弹簧等部件。电磁型继电器依据构成原理可分为螺管线圈式、吸引衔铁式、转动舌片式，如图 2-1 所示。

只要在线圈两端加上一定的电压，线圈中就会流过一定的电流，从而产生电磁效应，衔铁就会在电磁力吸引的作用下克服返回弹簧的拉力吸向铁心，从而带动衔铁的动触点与静触点（常开触点）吸合。当线圈断电后，电磁的吸力也随之消失，衔铁就会在弹簧的反作用力作用下返回原来的位置，使动触点与原来的静触点释放。这样吸合、释放，从而达到了在电路中的导通、切断的目的。现以吸引衔铁式继电器为例具体分析其工作原理。

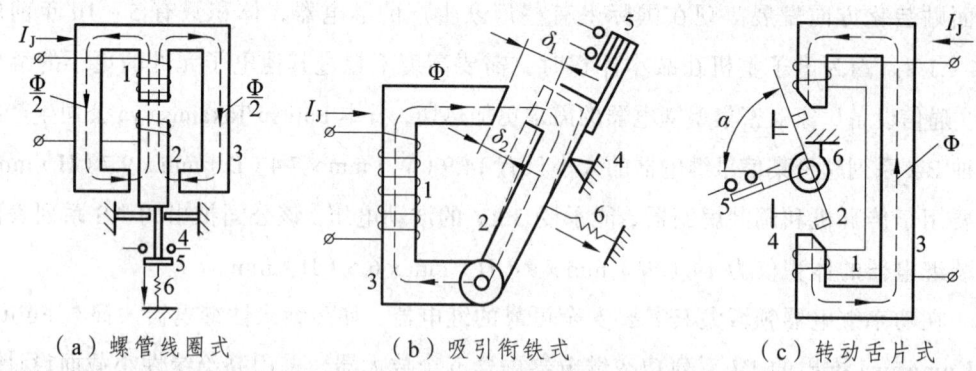

(a) 螺管线圈式　　(b) 吸引衔铁式　　(c) 转动舌片式

图 2-1 电磁型继电器电磁系统结构图

1—线圈；2—衔铁；3—铁心；4—止挡；5—动触点；6—反作用弹簧

2. 基本工作原理

设继电器线圈匝数为 W_k，当线圈中通以电流 I_J 时，铁心中产生磁通 Φ。磁通经铁心、衔铁和气隙形成回路，衔铁被磁化，在铁心和衔铁之间产生电磁力 F_{em}。F_{em} 的大小与 Φ^2 成正比，Φ 又与磁势 $W_k I_J$ 成正比，与磁通所经过的磁阻 R_m 成反比，磁阻 R_m 又与空气隙 δ 近似成正比（铁心和衔铁磁阻和气隙磁阻相比可以忽略），即电磁力 F_{em} 可通过公式 2.1 求解。

$$F_{em} = K_1 \Phi^2 = K_1 \left(\frac{W_k I_J}{R_m} \right)^2 \approx K_2 \left(\frac{W_k I_J}{\delta} \right)^2 \tag{2.1}$$

式中，K_1，K_2 为比例系数，当磁路不饱和时为常数。

继电特性是继电器的主要特性，也称输入—输出特性。如图 2-2 所示为过电流继电器的继电特性。当线圈电流 I_J 较小时，F_{em} 在衔铁上产生的吸合转矩还不足以克服弹簧拉力和摩擦力所产生的阻力矩，继电器不动作。当继续增大电流 $I_J = I_{op}$ 时，吸合转矩等于阻力矩，于是衔铁被吸合，空气隙 δ 减小，因而吸力更大，瞬间把衔铁吸起，常开触点接通，称为继电器动作。习惯上把能使继电器动作的最小电流 I_{op}，称为该继电器的动作电流（或启动电流）。继电器启动之后，继续增大线圈电流，继电器仍保持动作状态。只有当线圈电流 I_J 降到 I_{re} 时，吸合转矩开始小于弹簧的作用力矩，衔铁被弹簧拉回原来的位置，继电器瞬间返回。习惯上把能使继电器由动作状态返回到起始位置的最大电流，称为返回电流 I_{re}。继电器的返回电流与动作电流的比值称为继电器的返回系数。

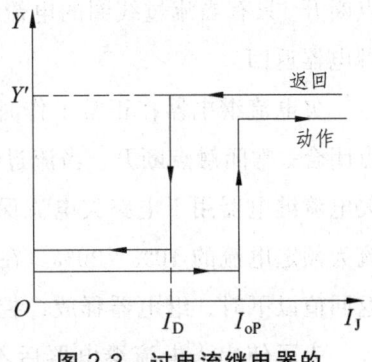

图 2-2 过电流继电器的继电特性示意图

2.2.2 电流继电器

电流继电器是一种常用的电磁式继电器，输入信号为电流，根据电路中流过的电流大小来控制电路的接通或断开。电流继电器的线圈被串接在被测电路中（直接串接或通过电流互感器串接），作为电流保护的启动元件，用来判断被保护对象的运行状态。电流继电器按流过线圈电流的种类分为交流电流继电器和直流电流继电器；按工作方式可分为过电流继电器和欠电流继电器。电流继电器是一种转动舌片式的继电器，其外形及结构如图 2-3 所示。

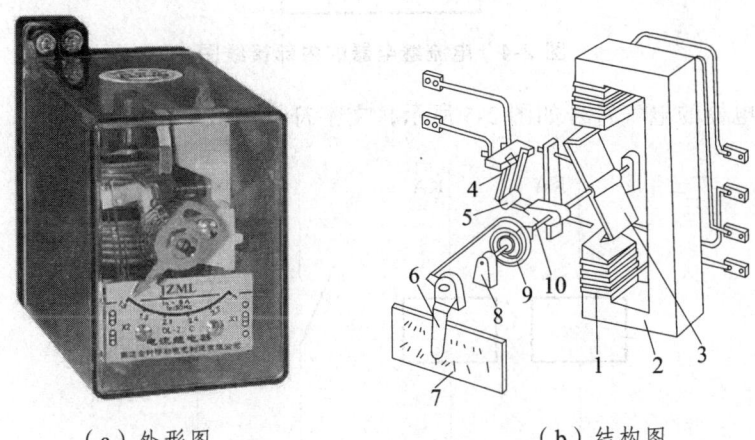

（a）外形图　　　　　　　　（b）结构图

图 2-3 电磁型电流继电器

1—线圈；2—电磁铁；3—Z型衔铁；4—静触点；5—动触点；6—整定值调整把手；
7—整定值刻度盘；8—轴端；9—螺旋弹簧；10—轴

过电流继电器在正常工作时，线圈中通过正常的负荷电流，继电器不动作，即衔铁不吸合。当流过线圈的电流达到整定的动作电流后，电磁力克服螺旋弹簧的反力矩，使 Z 型衔铁沿顺时针方向转动，继电器动作，衔铁吸合，带动常开触点闭合，常闭触点断开。只有当流过线圈的电流低于返回电流后，衔铁才会在复位弹簧的作用下复位，继电器返回。

欠电流继电器在正常工作时，线圈中通过正常的负荷电流，衔铁吸合，其常开触点闭合，常闭触点断开。当流过线圈的电流低于返回电流后，衔铁释放，继电器返回。欠电流继电器用于电路欠电流保护，动作电流为线圈额定电流的 30%～65%，返回电流为额定电流的 10%～20%。在电路正常工作时，衔铁是吸合的，只有当电流降低到返回值以下时，继电器释放，控制电路失电，从而及时分断电路。

为了使串入电流继电器后不影响电路的正常工作，电流继电器的线圈具有匝数少、阻抗小、导线粗的特点。电流继电器通常具有两个线圈，可根据实际需要将两者串联或并联。电流继电器的内部接线如图 2-4 所示，两线圈串联连接时，将端子 4 和 6 短接，继电器的动作电流为刻度盘的指示值；若两线圈需要并联连接，将端子 2 和 4 短接，6 和 8 短接，此时继电器的动作电流为刻度盘指示值的 2 倍。

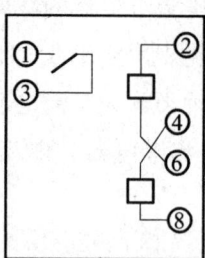

图 2-4 电流继电器的内部接线图

电流继电器的电气符号如图 2-5 所示，文字符号用 KA 表示。

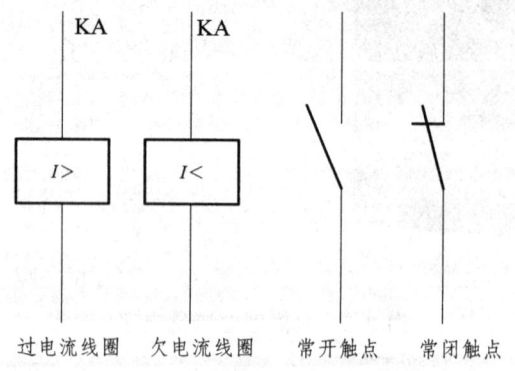

过电流线圈　欠电流线圈　常开触点　常闭触点

图 2-5 电流继电器的电气符号

2.2.3 电压继电器

电压继电器是一种常用的电磁式继电器，输入信号为电压，根据电路中电压的大小来控制电路的接通或断开，常用于电路的过电压或欠电压保护。电压继电器的线圈被并联连接在被测电路中（直接或通过电压互感器并联），以反映电路电压的变化，作为电压保护的启动元件。电压继电器按线圈电压的种类分为交流电压继电器和直流电压继电器；按工作方式可分为过电压继电器和欠电压继电器。

过电压继电器在电压超过整定值（一般为额定电压的 105%～120%）时才动作，其工作原理与过流继电器类似。过电压继电器在正常工作时，线圈电压为额定电压，继电器不动作，即衔铁不吸合。只有当线圈电压达到整定值时，继电器动作，衔铁吸合，同时带动触头动作，常开触头闭合，常闭触头断开。交流过电压继电器在电路中起过电压保护的作用。直流电路中一般不会出现波动较大的过电压，故产品中没有直流过电压继电器。

欠电压继电器在电压为额定电压的 40%～70%时动作，原理与欠电流继电器类似。当欠电压继电器线圈电压达到某一定值（返回值）时，电磁力增大，衔铁被吸合，称为欠电压继电器返回；当线圈电压低于某一定值（动作值）时，电磁力减小使衔铁立即释放，称欠电压继电器动作。欠电压继电器的动作值、返回值的定义和电流继电器相反，欠电压继电器的动作值低于返回值，因此一般欠电压继电器的返回系数大于 1，但不超过 1.2。欠电压继电器按流过的电流类型可分为直流欠压继电器和交流欠压继电器，在电路中用于欠压保护。

电压继电器的外形和电气符号如图 2-6 所示，文字符号用 KV 表示。

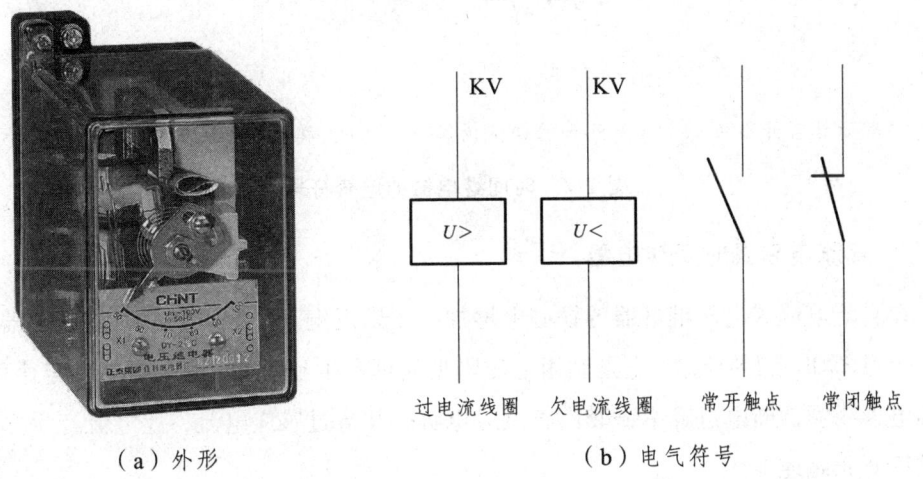

(a) 外形　　　　　　　　　　　　(b) 电气符号

图 2-6　电压继电器

2.2.4 时间继电器

时间继电器是一种辅助继电器，利用电磁原理或机械动作原理实现触点延时接通或断开的自动控制电器，在继电保护装置中作为时限元件，用于动作延时，实现保护的选择性。

根据延时方式的不同，时间继电器可以分为通电延时继电器和断电延时继电器两类。对于通电延时继电器，当线圈得电时，其延时常开触点经过一段时间延时后才闭合，延时常闭触点要延时一段时间才断开。而当线圈失电时，其延时常开触点立即断开，延时常闭触点立即闭合。对于断电延时继电器，当线圈得电时，其延时常开触点立即闭合，延时常闭触点立即断开。而当线圈失电时，其延时常开触点要延时一段时间才断开，延时常闭触点要延时一段时间才闭合。时间继电器的电气符号如图 2-7 所示，文字符号用 KT 表示。

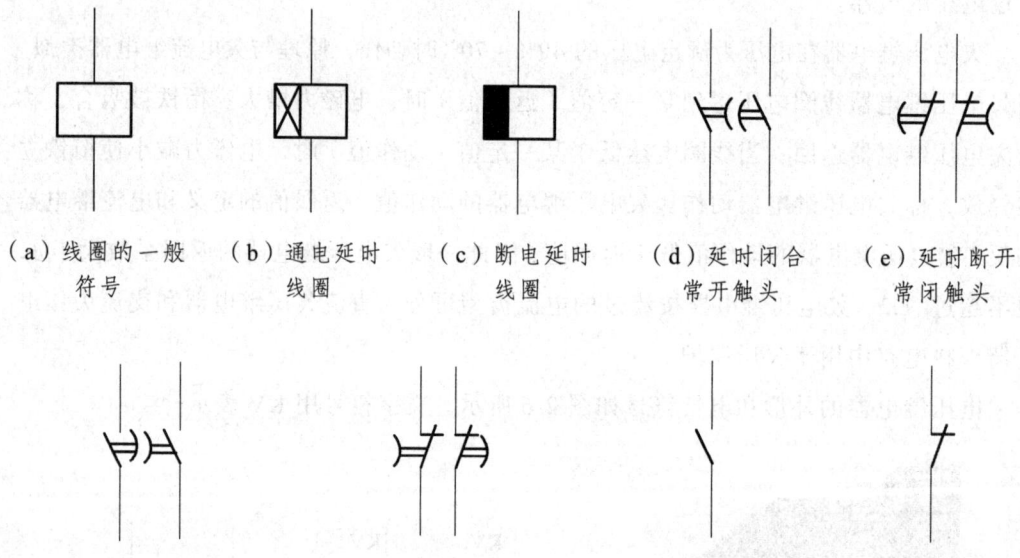

（a）线圈的一般　（b）通电延时　（c）断电延时　（d）延时闭合　（e）延时断开
　　符号　　　　　　线圈　　　　　线圈　　　　常开触头　　　常闭触头

（f）延时断开常开触头　（g）延时闭合常闭触头　（h）瞬时常开触头　（i）瞬时常闭触头

图 2-7　时间继电器的电气符号

1. 直流电磁式时间继电器

在直流电磁式电压继电器的铁心上增加一个阻尼铜套，即可构成时间继电器，其结构示意图如图 2-8 所示。它是利用电磁阻尼原理产生延时的，由电磁感应定律可知，在继电器线圈通断电过程中铜套内将感应电势，并流过感应电流，此电流产生的磁通总是反对原磁通变化。

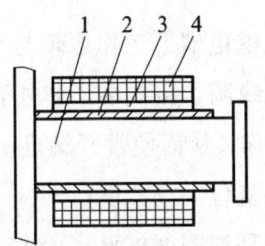

图 2-8 带有阻尼铜套的铁心示意图

1—铁心；2—阻尼铜套；3—绝缘层；4—线圈

电器通电时，由于衔铁处于释放位置，气隙大，磁阻大，磁通小，铜套阻尼作用相对也小，因此衔铁吸合时延时不显著（一般忽略不计）。而当继电器断电时，磁通变化量大，铜套阻尼作用也大，使衔铁延时释放而起到延时作用。因此，这种继电器仅用作断电延时。这种时间继电器延时较短，JT3 系列最长不超过 5 s，而且准确度较低，一般只用于要求不高的场合。

2. 空气式时间继电器

空气阻尼式时间继电器，是利用空气阻尼原理获得延时的。它由电磁系统、延时机构和触点三部分组成，电磁机构为直动式双 E 型，触点系统是借用 LX5 型微动开关，延时机构采用气囊式阻尼器。

空气阻尼式时间继电器，既具有由空气室中的气动机构带动的延时触点，也具有由电磁机构直接带动的瞬动触点，可以做成通电延时型，也可做成断电延时型。电磁机构可以是直流的，也可以是交流的。

选用时间继电器时应注意：

（1）根据控制线路的要求选择时间继电器的延时方式和触电类型。

（2）其线圈（或电源）的电流种类和电压等级应与控制电路相同。

（3）校核触点数量和容量，若不够时，可用中间继电器进行扩展。

（4）时间继电器线圈一般按短时（小于 30 s）通电设计。当需长期（大于 30 s）加电压时，必须在继电器线圈中串一个附加的电阻，以提高继电器的热稳定。

2.2.5 中间继电器

中间继电器是一种能将一个输入信号变成一个或多个输出信号的继电器。它是为了增加触头数量或增大触头容量的一种辅助继电器。其触头数目较多（可达 8 对），当需要同时控制多条回路时，可利用中间继电器实现。电压、电流继电器等的触头容量小，不能直接接通断路器的跳闸、合闸回路，通常在保护装置的出口回路中，用中间继电器来接通断路器的跳闸线圈，所以中间继电器也称为出口继电器。

中间继电器本质是一种电压继电器，工作原理与交流接触器类似，由固定铁心、衔铁、弹簧、动触点、静触点、线圈、接线端子和外壳组成。线圈通电，衔铁在电磁力的作用下吸合，带动动触点动作，从而使常开触点闭合，常闭触点断开；线圈断电，衔铁在弹簧的作用下带动动触点复位。

中间继电器的外形和电气符号如图 2-9 所示，文字符号用 KC 表示。

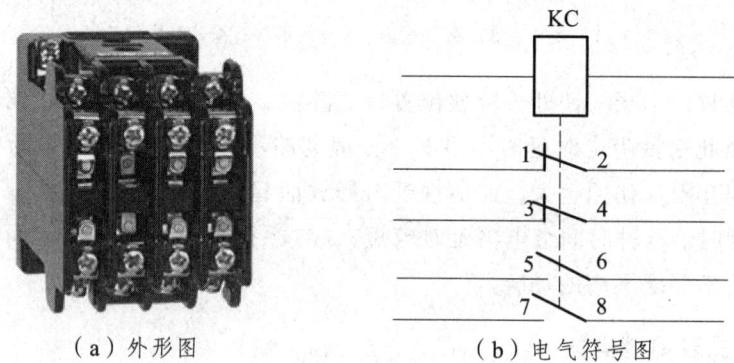

（a）外形图　　　　　（b）电气符号图

图 2-9　中间继电器

2.2.6　信号继电器

信号继电器是一种辅助继电器，一般是吸引衔铁式结构。信号继电器的作用是：当保护装置动作时，明显指示继电保护装置的动作状态，以便分析保护动作行为和电力系统故障性质。信号继电器动作时，一方面本身有机械指示，另一方面它的自保持触点接通有关灯光或音响报警回路，只能由运行值班人员手动复位或电动复位。

以图 2-10 所示的 DX-11 系列信号继电器的原理结构图为例，简要说明其工作原理。当图中线圈 1 未通电时，衔铁 4 受弹簧 3 的作用而离开铁心 2，衔铁托住信号牌 5，不发出信号。当线圈通电吸动衔铁时，信号牌由于失去支持而下落（掉牌），同时

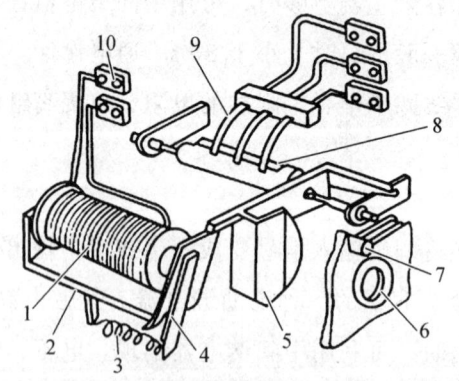

图 2-10　DX-11 系列信号继电器原理结构图

1—线圈；2—铁心；3—弹簧；4—衔铁；5—信号牌；6—玻璃窗口；
7—复位旋钮；8—动触头；9—静触头；10—接线端子

固定在转轴上的动触头 8 与静触头 9 相互接触闭合，从而接通灯光或音响报警回路。只有当运行值班人员手动转动复位旋钮时才能将信号牌重新恢复到原始位置，由衔铁 4 支持，为下一次动作做好准备。

信号继电器有电流型信号继电器和电压型信号继电器两种。电流型信号继电器的线圈为电流线圈，阻抗较小，串联在二次回路中，不影响其他二次元件的动作。电压信号继电器的线圈为电压线圈，阻抗大，在二次回路中应该并联使用。

信号继电器的电气符号如图 2-11 所示，文字符号用 KS 表示。

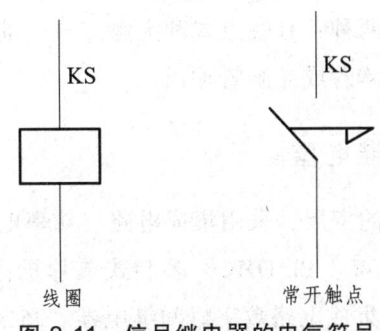

图 2-11 信号继电器的电气符号

2.3 其他新型继电器

2.3.1 固态继电器

固态继电器是用半导体器件代替传统电接点作为切换装置的具有继电器特性的无触点开关器件，单相固态继电器为四端有源器件，其中两个接线端为输入端，另两个接线端为输出端，中间采用隔离器件实现输入输出的电隔离。输入端加上直流或脉冲信号到一定电流值后，输出端能从断态转变为通态。固态继电器按负载电源类型可分为交流型和直流型；按开关型式可分为常开型和常闭型；按隔离型式可分为混合型、变压器隔离型和光电隔离型，其中以光电隔离型为最多。

2.3.2 磁保持继电器

磁保持继电器是近几年发展起来的一种新型继电器，也是一种自动开关。和其他电磁继电器一样，对电路起着自动接通和切断作用。所不同的是，磁保持继电器的常闭或常开状态完全依赖于永久磁钢，其开关状态的转换是靠一定宽度的脉冲电信号触发而完成的。将磁钢引入磁回路，继电器线圈断电后，继电器断电后，继电器的衔铁仍能保持在线圈通电时的状态，具有两个稳定状态。磁保持继电器分为单相和三相。据有关资料介绍，目前市场上的磁保持继电器的触点转换电流最大可达 150 A；控制线圈电压分为 DC9 V、DC12 V 等。一般电器寿命 10 000 次；机械寿命 1 000 000 次；

触点接触压降<100 mV。因此，具有省电、性能稳定、体积小、承载能力大，比一般电磁继电器性能优越的特点。

2.3.3 半导体时间继电器

电子式时间继电器在时间继电器中已成为主流产品，电子式时间继电器是采用晶体管或集成电路和电子元件等构成。电子式时间继电器具有延时范围广、精度高、体积小、耐冲击、耐振动、调节方便及寿命长等优点，所以发展很快，应用广泛。半导体时间继电器的输出形式有两种：有触点式和无触点式，前者是用晶体管驱动的小型磁式继电器，后者则采用晶体管或晶闸管输出。

2.3.4 单片机控制时间继电器

近年来随着微电子技术的发展，采用集成电路、功率电路和单片机等电子元件构成的新型时间继电器大量面市。如 DHC6 多制式单片机控制时间继电器、J5S17、J3320、JSZl3 等系列大规模集成电路数字时间继电器、J5145 等系列电子式数显时间继电器、J5G1 等系列固态时间继电器等。

DHC6 多制式单片机控制时间继电器是为适应工业自动化控制水平越来越高的要求而生产的。多种制式时间继电器可使用户根据需要选择最合适的制式，使用简便方法达到以往需要较复杂接线才能达到的控制功能。这样既节省了中间控制环节，又大大提高了电气控制的可靠性，其外形如图 2-9 所示。

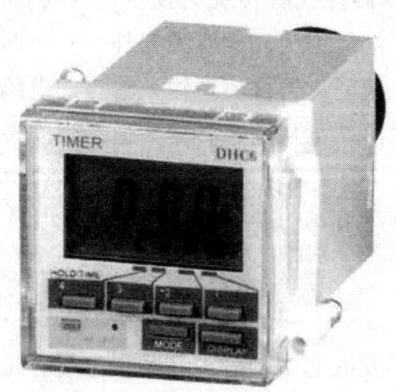

图 2-9 DHC6 多种制式时间继电器

复习思考题

1. 简述电磁型继电器的工作原理。
2. 什么是继电器的动作值、返回值、返回系数？

3. 简述过电流继电器和欠电流继电器的工作原理。

4. 为了使串入电流继电器后不影响电路的正常工作，电流继电器的线圈具有匝数_____、阻抗_____、导线_____的特点。

5. 试将电流继电器的两线圈接为并联连接。若此时整定刻度盘指针为 2 A，则该电流继电器的整定电流为多少？

6. 什么是中间继电器？它的作用是什么？

7. 根据延时方式的不同，时间继电器可以分为_____继电器和_____继电器两类。

3 城轨供电交流保护

城轨供电系统由外电源、主变电所、中压环网、牵引供电系统、动力照明供电系统等构成。主所从城市电网引入高压外电源，降压为中压交流电，再输送到分布在各个车站的牵引、动力变电所中。其中城轨供电交流系统部分主要包括由外电源接入电缆、主所、向线路提供电源的中压环网、电力变压器及动力照明供电系统。

城轨供电系统网络全部采用双电源制，即各个电压等级的网络均从上级网络引入两路独立的电源。各级变电所全部采用单母线分段形式接线，主所的供电范围划分为数个供电分区，相邻的若干车站变电所组成一个供电分区，每个分区中只由一座最靠近主所的车站变电所从主所直接引入电源线路，引入后再从此所串接至其他变电所，一般环串变电所的数量为 3～4 个。为了使两主所在一定情况下能够相互支援供电，中压环网中设联络开关，正常运行时联络开关断开。

城轨供电交流供电线路的特点：城市轨道交通工程的站间线路长度一般在 5 km 以内，平均站间距一般为 1～3 km。中压环网的线路短，因此线路阻抗很小，在一个分区内不同地点的中压环网线路短路电流值相差很小。中压环网均采用电力电缆作为电能的输送介质，电缆线路与架空线路相比，其零序回路的对地电容远大于架空线路，因此电缆的对地电容电流远大于架空线路；动力照明供电系统采用 TN-S 三相五线制，380 V_{ac} 供电。

3.1 常见交流电流保护原理

电流保护是继电保护最常见的一种形式，在输电线路保护中应用较多。电流保护是反应当测量电流升高超过整定值而动作的保护，保护动作后立即或延时作用于相应断路器，切除故障，与此同时发出保护动作信号。

3.1.1 电流速断保护

电流速断保护是一种仅反应电流增大而瞬时动作的一种电流保护类型，又称为瞬时电流速断保护。它没有时限元件，保护装置的动作时限只是继电器本身的固有动作时间。保护装置的动作电流是按线路末端出现三相短路时的短路电流来整定，取一定的可靠系数 K_{rel}。

如图 3-1 所示为单侧电源辐射电网，线路 AB 段的保护采用瞬时电流速断保护，用保护装置 A 表示。按照选择性的原则,当线路末端 k_1 点发生短路故障时,保护装置 A 应瞬时动作切除故障;在相邻线路 BC 首段 k_2 点短路时,保护装置 A 不应动作,而应由 B 处的保护动作切除故障。因此保护装置 A 的动作电流应大于 k_2 点的最大短路电流。实际上 k_2 点的最大短路电流与 AB 段的末端 k_1 点的最大短路电流相同,而 k_1 点的最大短路电流就是最大运行方式下该点的三相短路电流。

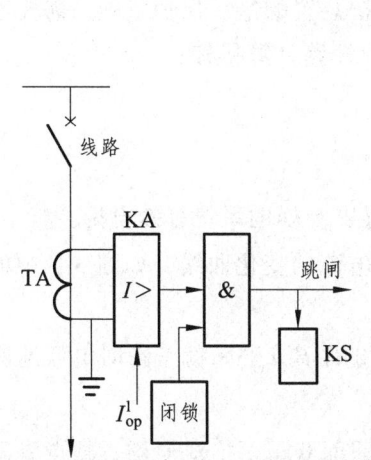
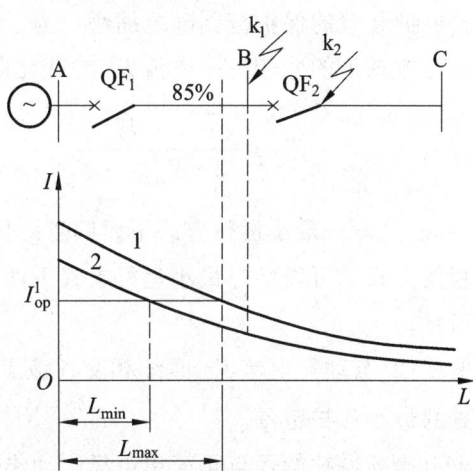

(a)电流速断保护单相原理接线图　　　　(b)电流速断保护装置的动作特性分析

图 3-1　电流速断保护单相原理接线图及特性分析

根据短路计算得知,在最大运行方式下,线路上任一点发生三相短路时,短路电流的计算表达式为

$$I_K^{(3)} = \frac{E_\phi}{X_{xt} + X_1 l} \tag{3.1}$$

式中　E_ϕ——系统电源的等效相电势;

　　　X_{xt}——最大运行方式下,归算到保护装置安装处的系统等效电抗;

　　　X_1——被保护线路单位长度的电抗;

　　　l——短路点至保护装置安装处的距离。

当系统运行方式一定时,E_ϕ、X_{xt}、X_1 一定,因此,短路电流 $I_K^{(3)}$ 是距离 l 的函数,即 $I_K^{(3)} = f(l)$。由此可以绘出最大运行方式下三相短路电流的变化曲线,如图 3-1 所示。

由曲线 1 可得 AB 段末端 k_1 点的最大短路电流 $I_{k\max}^{(3)}$。瞬时电流速断保护装置的动作电流用 $I_{op \cdot 1}^{I}$ 表示,则有 $I_{op \cdot 1}^{I} > I_{k\max}^{(3)}$,考虑一个大于 1 的可靠系数后得

$$I_{op \cdot 1}^{I} = K_{rel} I_{k\max}^{(3)} \tag{3.2}$$

式中　K_{rel}——瞬时电流速断保护装置动作的可靠系数,一般取 1.2~1.3。

将瞬时电流速断保护装置的动作电流 $I_{op \cdot 1}^{I}$ 用一条直线表示在图 3-1 中,此直线与

曲线 1 相交，该点所对应的距离 $L_{\max}$，就是瞬时电流速断保护装置的最大保护范围。在此范围以内，任何一点发生三相短路，都有 $I_k^{(3)} > I_{op \cdot 1}^I$，保护装置都能动作；在此范围以外，都有 $I_k^{(3)} < I_{op \cdot 1}^I$，保护装置都不会动作。可见，瞬时电流速断保护不能保护线路全长。

当系统运行方式或者短路类型变化时，线路上同一点的短路电流都较三相短路电流小，保护装置的保护范围随之缩小。为了确保保护装置的最小保护范围，需要绘出最小运行方式下的两相短路电流 $I_K^{(2)}$ 的变化曲线。由短路计算得知：

$$I_K^{(2)} = \frac{\sqrt{3}}{2} \cdot \frac{E_\phi}{X_{xt \cdot \max} + X_{ll}} \quad (3.3)$$

式中　$X_{xt \cdot \max}$——最小运行方式下，归算到保护装置安装处的系统等效电抗。

根据上式，可以绘出最小运行方式下两相短路电流的变化曲线，如图 3-1 中的曲线 2 所示。

曲线 2 与动作电流 $I_{op \cdot 1}^I$ 直线相交，该点所对应的距离 $L_{\min}$，就是瞬时电流速断保护装置的最小保护范围。

电流速断保护的优点是简单可靠、动作快速，因而获得了广泛应用；缺点是不能保护线路的全长，并且保护范围受运行方式变化和短路类型的影响。在最大运行方式下三相短路时，保护范围最大，一般为本线路全长的 80%～85%；在最小运行方式下两相短路时，保护范围最小。通常规定最小保护范围不应小于线路全长的 15%～20%，否则保护将失去意义。

3.1.2　限时电流速断保护

由于瞬时电流速断保护不能保护线路的全长，因此，保护范围以外的故障必须由另外的保护装置——限时电流速断保护装置切除。限时电流保护是反应电流增大而延时动作的一种保护类型。该保护应能保证在任何情况下保护本线路的全长，而且应限定在尽可能小的时间内动作。这样才可以构成较完善的线路保护。

限时电流速断保护与电流速断保护相比，主要区别是增加了时间元件。当电流元件动作后，需要经过时间元件的延时，才能动作于跳闸。若短路故障在时间继电器接点闭合之前已切除，已动作的电流元件将返回，使时间元件立即返回，则整套保护装置恢复原状，不会造成误动。

限时电流速断保护要保护本线路全长，必须考虑在在本线路末端和下级线路始端短路时它都应该动作，所以保护范围将延伸至下级线路的一部分。这样本线路的限时电流速断保护就要考虑与下级线路的电流速断保护的配合情况，要求在下级线路短路时，保证下级保护优先切除故障，满足选择性的要求。

如图 3-2 所示，当线路 BC 段始端发生短路时，虽然线路 AB 的限时电流速断保护也启动，但 BC 段线路的电流速断保护应先动作，将故障切除，那么必须使 AB 段的限时电流速断保护带有一定的时延，此时延与延伸的范围有关。为了使这一时延尽量缩短，首先考虑 AB 段的限时电流速断保护的保护范围不超过 BC 段电流速断保护的保护范围，其次动作时限比 BC 段电流速断保护大一个时限差 Δt。如果与 BC 段的速断保护配合满足不了其在本线路末端短路时灵敏性的要求时，则此限时电流速断保护应与 BC 段的限时速断保护配合，动作时限比下一级线路 BC 的限时电流速断保护高出一个时限级差 Δt。

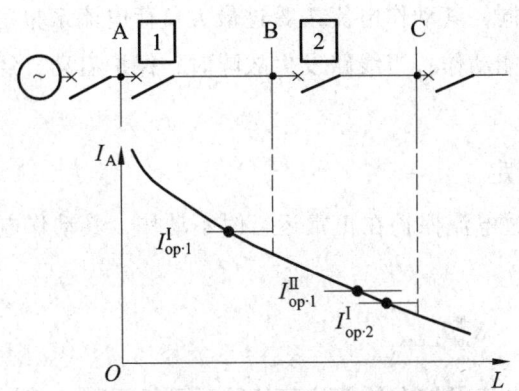

图 3-2 限时电流速断保护装置的动作特性分析

通过以上分析可知，限时电流速断保护的保护范围是本线路全长直至延伸到下级线路的一部分，但不超过下级线路电流速断保护保护范围。其限时电流速断保护的动作电流为

$$I_{\text{op·1}}^{\text{II}} = K_{\text{rel}}^{\text{II}} I_{\text{op·2}}^{\text{I}} \tag{3.4}$$

式中　$K_{\text{rel}}^{\text{II}}$——限时电流速断保护装置动作的可靠系数，取值为 1.1～1.2。

为了保证在最小运行方式下发生两相短路时，限时电流速断保护装置仍能可靠地保护线路全长，必须选取本线路末端作为灵敏度的校验点，通常规定其灵敏系数应满足下式

$$K_{\text{s}} = \frac{I_{\text{k1·min}}^{(2)}}{I_{\text{op·1}}^{\text{II}}} \geq 1.25 \tag{3.5}$$

当灵敏度不能满足要求时，可采取适当降低动作电流的办法提高灵敏度，这样保护范围就必然要延长。可见，限时电流速断保护需从动作电流与动作时间两方面来满足保护的选择性要求。

限时电流速断保护结构简单、动作可靠，能保护本线路全长，但不能作为相邻元件（下级线路）的后备保护。

3.1.3 过电流保护

1. 定时限过电流保护

电流速断保护和限时电流速断保护的组合能保护本线路的全长，可作为线路的主保护。为防止本线路的主保护拒动（或断路器拒动）及下级线路的保护或断路器拒动，必须给线路装设后备保护，以作为本线路的近后备和下级线路的远后备保护。这种保护通常采用定时限过电流保护（简称过电流保护）。

过电流保护是反应电流增大而延时动作的另一种电流保护类型，其原理接线图与限时电流速断保护相同，其动作电流按躲过最大负荷电流来整定。正常运行线路流过负荷电流时，保护不能动作；当线路发生故障时，保护启动，经过保证选择性的延时动作后将故障切除。

1) 动作电流的整定

考虑 1：为保证过电流保护在正常运行时不动作，其动作电流应大于最大负荷电流，即

$$I_{\mathrm{op}}^{\mathrm{III}} = K_{\mathrm{rel}}^{\mathrm{III}} I_{\mathrm{L\cdot max}} \tag{3.6}$$

考虑 2：保证过电流保护在外部故障切除后可靠返回，其返回电流应大于外部短路故障切除后流过保护的最大自启动电流。如图 3-3 所示，当电网的 k_1 点发生短路故障时，短路电流同时流过保护装置 1 和保护装置 2，保护装置 1 和保护装置 2 中的电流保护装置都将启动，但由于故障点距离保护装置 2 较近，按照选择性的要求，保护装置 2 的延时较保护装置 1 的延时短，它首先动作，使断路器 QF_2 跳闸切除故障。这时线路上的电路电流虽然消失，但由于变电所母线上的电压迅速恢复，接于该母线上的电动机 M 开始启动，因此在线路上将流过很大的电动机自启动电流，该电流一般都大于最大负荷电流。

即

$$I_{\mathrm{MS}} = K_{\mathrm{MS}} I_{\mathrm{L\cdot max}} \tag{3.7}$$

在有自启动电流的情况下，保护装置 1 应能够可靠返回，故应使

$$I_{\mathrm{re}}^{\mathrm{III}} > I_{\mathrm{MS}} \tag{3.8}$$

引入可靠系数后，得

$$I_{\mathrm{re}}^{\mathrm{III}} = K_{\mathrm{re}} I_{\mathrm{MS}} = K_{\mathrm{re}} K_{\mathrm{MS}} I_{\mathrm{L\cdot max}} \tag{3.9}$$

$$I_{\mathrm{op}}^{\mathrm{III}} = \frac{I_{\mathrm{re}}^{\mathrm{III}}}{K_{\mathrm{re}}} = \frac{K_{\mathrm{rel}}^{\mathrm{III}} K_{\mathrm{MS}}}{K_{\mathrm{re}}} I_{\mathrm{L\cdot max}} \tag{3.10}$$

式中 K_{MS}——自启动系数,一般取 1.5~3;

K_{rel}^{III}——过电流保护的可靠系数,一般取 1.15~1.25;

K_{re}——返回系数,一般取 0.85~0.9;

$I_{L \cdot max}$——线路最大负荷电流。

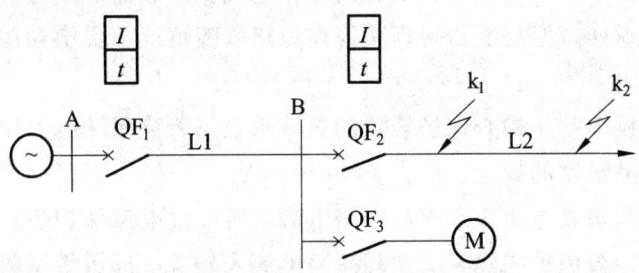

图 3-3 过电流保护整定计算说明图

2)动作时间整定

定时限过电流保护的动作时间是由时间继电器的动作时间确定的一个定值。为了保证保护装置的选择性,同一电网上的过电流保护装置其动作时限应密切配合。如图 3-4 所示的单侧电源辐射电网中,当 k_2 点短路时,短路电流将流过电网上的所有保护装置 A、B 和 C,且短路电流一般均大于保护装置的动作电流,所以上述各保护装置都将启动(启动元件电流继电器动作)。但按选择性要求,只应由保护装置 C 动作,使断路器 QF_3 跳闸。当 QF_3 跳闸后,短路电流消失,保护装置 A 和 B 的电流继电器立即返回。因此,各段线路保护装置的动作时间,应从用户到电源逐级增长,愈靠近电源,保护装置的动作时间愈长。图中 t_1、t_2、t_3 分别代表保护装置 A、B、C 的动作时限;并且

$$t_1 > t_2 > t_3$$

每个时限相差一个时限间隔 Δt,一般 Δt 取 0.5 s,即

$$t_1 = t_2 + \Delta t$$

$$t_2 = t_3 + \Delta t$$

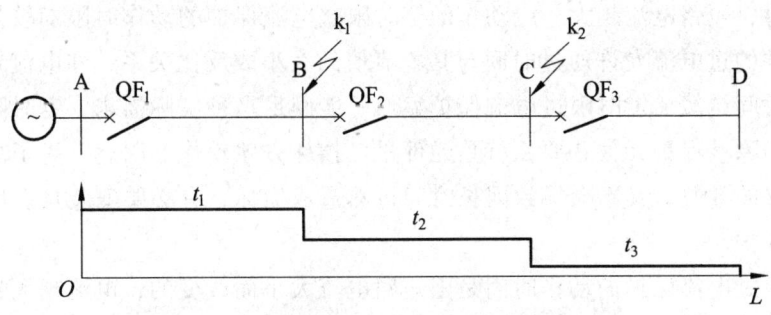

图 3-4 定时限过电流保护动作时限阶梯特性

保护装置的这种时限特性称为"阶梯形时限特性"。按这种方式选择保护装置的动作时限后，当线路上任一点发生短路故障时，都只有距故障点最近的保护装置动作。

3）校验灵敏度

按照上述方法整定过电流保护装置的动作电流，能够保证在有自启动电流的情况下保护装置可靠返回。但是能否保证装置在短路故障情况下灵敏动作，还必须通过灵敏度的校验来确定。

所谓灵敏度校验就是检查保护装置的灵敏系数是否满足《电力设计技术规范》关于继电保护装置灵敏度的规定。

由于两相相间短路电流小于三相短路电流，所以过电流保护装置的灵敏度，应按最小运行方式下，被保护线路末端两相短路电流来校验。即灵敏系数为

$$K_S = \frac{I_{k \cdot min}^{(2)}}{I_{op}} \quad (3.11)$$

通常过电流保护不仅要保护本线路的全长，而且还要作为相邻元件的后备保护，因此应按以下两种情况校验灵敏系数。

第一种情况：当本线路末端发生相间短路故障时，灵敏系数应满足

$$K_S = \frac{I_{k1 \cdot min}^{(2)}}{I_{op}} > 1.5 \quad (3.12)$$

注意：此时 $I_{k1 \cdot min}^{(2)}$ ——最小运行方式下，本线路末端发生两相短路故障时的短路电流。

第二种情况：当相邻线路或元件的末端短路时，灵敏系数应满足

$$K_S = \frac{I_{k2 \cdot min}^{(2)}}{I_{op}} > 1.2 \quad (3.13)$$

此时 $I_{k2 \cdot min}^{(2)}$ ——最小运行方式下，相邻线路末端发生两相短路故障时的短路电流。当灵敏系数不能满足要求时，应采取其他保护方式。

2. 反时限过电流保护

定时限过电流保护的动作时限按阶梯特性整定后是固定不变的，而当故障点距离电源越近时，短路电流越大，应动作的定时限过电流保护的动作时限却较长。大多数被保护元件的过电流允许通过时间与其电流值的大小成反比关系，即电流越大，所允许通过的时间越短。定时限过电流保护显然不能满足这种实际需求，定时限保护要么是过早地切除被保护元件，要么就是元件早已损坏方才动作。因此，为了能充分发挥被保护元件的效益，又不会导致因长时间过热造成损坏，有必要安装具有反时限特性的过电流保护。

反时限过电流保护的动作时间是随短路电流大小而改变的，电流越大，动作时间越短。由于反时限过电流保护在原理上与很多负载的故障特性接近，所以在很多场合

比定时限过电流保护具有更为优越的保护性能。

一般的反时限动作特性曲线由两部分组成,如图3-5所示。电流较小时为反时限,动作时间随电流增大而缩短;电流较大时为速断部分,保护快速动作。

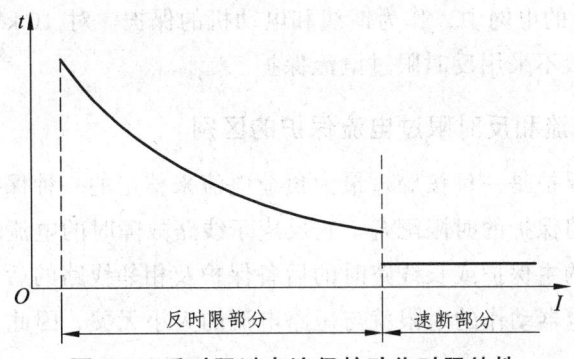

图3-5 反时限过电流保护动作时限特性

一般反时限特性为

$$t = \frac{0.14}{\left(\frac{I}{I_{op}}\right)^{0.02} - 1} \times \frac{T_{op}}{10} \quad (3.14)$$

式中,T_{op}为时间常数,一般取第Ⅲ段的时间定值(0.05～1 s),I_{op}为电流基准值,一般取第Ⅲ段的电流定值,其值为$1.1 I_N$;I为通过保护的短路电流;t为反时限特性的动作时间。

如果电流小于$1.1 I_N$,且持续一个周期以上,则保护返回;当$\frac{I}{I_{op}} \geq 20$时,保护按定时限动作(进入速断)。

反时限过电流的动作电流按躲过线路最大负荷电流整定,本线路末端短路故障时,有不小于1.5的灵敏系数,相邻线路末端短路故障时最好能有不小于1.2的灵敏系数;同时还要校核与相邻上下级保护的配合情况。反时限过电流保护最主要的问题是相互配合,如图3-6所示。

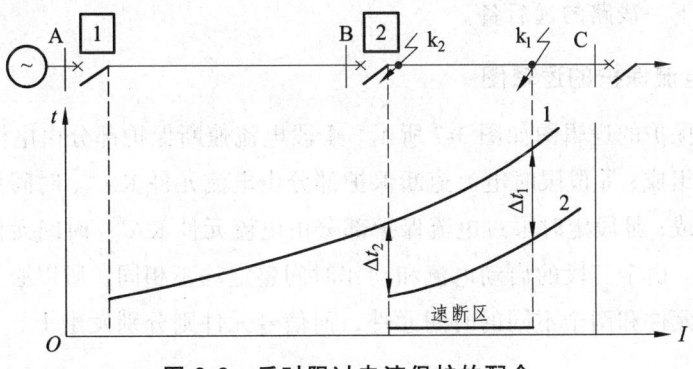

图3-6 反时限过电流保护的配合

反时限过电流保护的优点是：在线路靠近电源处短路时，短路电流大，动作时限短且保护接线简单。缺点是：时限的配合较复杂，当短路点存在的过渡电阻或在最小运行方式下远处短路时，由于 I_k 较小，保护的动作时限可能较长。反时限过电流保护主要用在 6～10 kV 的电网中，作为馈线和电动机的保护。对 10 kV 以上的网络，由于有上述缺点，一般不采用反时限过电流保护。

3. 定时限过电流和反时限过电流保护的区别

定时限过电流保护是一种按躲过最大负荷电流来整定的一种保护类型，在整定时应考虑到与后端线路保护的时限配合。它反应于线路故障时的电流增大而动作，它可作为电网终端设备的主保护或长线路时的后备保护及相邻线路的后备保护。一旦经整定计算确定后，继电器动作的时限就与短路电流的大小无关，因此，称为定时限过流保护。

反时限过电流保护则不同，一旦调整继电器电气参数或通过某种算法确定反时限类型曲线后，反时限过流保护的动作时限与短路电流密切相关，短路电流越大或故障点越近，动作时限越短，反之，短路电流越小或故障点越远，动作时限越长。

在基本整定原则上，定时限和反时限是一致的，但反时限可使靠近电源的故障点有较小的切除时间，而且与阶段式保护相比，反时限保护可以用一只继电器来实现，这是反时限过流保护的优点，但缺点是整定配合比较复杂，并且在最小方式下短路时，其动作时限可能较长。因而，反时限过流保护通常用于单侧电源供电的终端线路或电动机上，作为主保护或后备保护。

3.1.4 三段电流保护

所谓三段电流保护是将电流速断保护、限时电流速断保护和过电流保护组合起来，构成一整套保护，由于三种保护各有优缺点，组合起来使之相互补充和配合。其中，电流速断保护称为Ⅰ段，限时电流速断保护称为Ⅱ段，定时限过电流保护称为Ⅲ段。Ⅰ段和Ⅱ段保护共同组成线路的主保护，Ⅲ段保护作为本线路Ⅰ、Ⅱ段保护的近后备，也作为下一线路的远后备。

1. 三段电流保护的逻辑图

三段电流保护的逻辑图如图 3-7 所示。Ⅰ段电流速断保护部分由电流元件 $KA^Ⅰ$ 和信号元件 $KS^Ⅰ$ 组成；Ⅱ段限时电流速断保护部分由电流元件 $KA^Ⅱ$、时间元件 $KT^Ⅱ$ 和信号元件 $KS^Ⅱ$ 组成；Ⅲ段定时限过电流保护部分由电流元件 $KA^Ⅲ$、时间元件 $KT^Ⅲ$ 和信号元件 $KS^Ⅲ$ 组成。由于三段的启动电流和动作时间整定均不相同，所以必须分别使用三个串联的电流元件和两个不同的时间元件，而信号元件则分别发出Ⅰ、Ⅱ、Ⅲ段的动作信号。

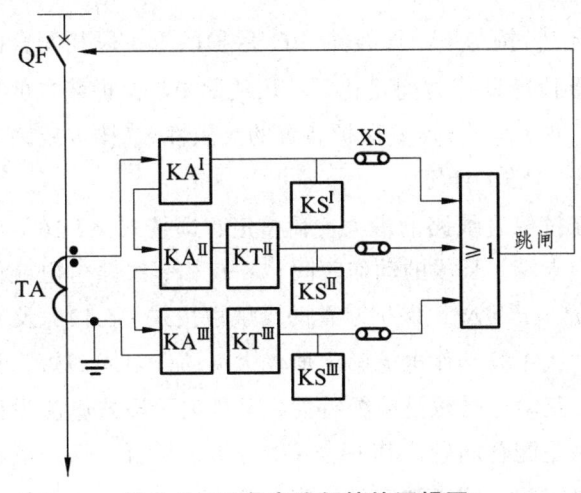

图 3-7 三段电流保护的逻辑图

2. 三段电流保护的保护区和整定计算

如图 3-8 是三段电流保护的保护区和时限配合特性图。线路 AB、BC、CD 分别设置有三段电流保护。以线路 AB 段为例,其中 L_1^I、L_1^{II}、L_1^{III} 分别为 QF_1 处 I、II、III 段电流保护的保护范围,t_1^I、t_1^{II}、t_1^{III} 分别为 QF_1 处三段电流保护的动作时限,t_2^I、t_2^{II}、t_2^{III} 分别为线路 BC 段 QF_2 处三段电流保护的动作时限。当线路 AB 首端附近发生短路故障时由 I 段动作将故障切除,线路末端发生短路故障时由 II 段动作将故障切除,III 段只起后备作用。因此,输电线路任何处发生短路故障时,一般可在 0.5 s 时限内有选择地被切除。

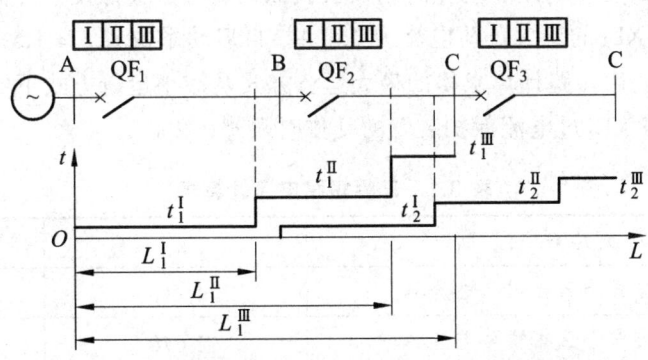

图 3-8 三段电流保护的保护区和时限配合特性

t_1^I、t_1^{II}、t_1^{III}—QF_1 处 I、II、III 段电流保护的动作时限;

L_1^I、L_1^{II}、L_1^{III}—QF_1 处 I、II、III 段电流保护的保护范围;L—线路长度

I 段的动作电流 $I_{op\cdot 1}^I$ 按躲过被保护线路末端短路时流过保护装置的最大短路电流来整定,即按式(3.2)计算,可见它不能保护线路全长;I 段的动作时间 t_1^I,仅取决于元件本身的固有动作时间,一般为 0.06~0.1 s。

Ⅱ段的动作电流 $I_{op\cdot 1}^{II}$ 按与下一段线路 BC 保护的第Ⅰ段相配合的原则来整定,即按式(3.4)计算;Ⅱ段的动作时间 t_1^{II} 比下一段线路 BC 保护装置的Ⅰ段的动作时间 t_2^{I} 大一个时限时差 Δt,即 $t_1^{II} = t_2^{I} + \Delta t$;保护装置的灵敏性 K_s^{II} 按本线路末端最小两相短路电流来校验,即按式(3.5)计算。

Ⅲ段的动作电流按躲过线路的最大负荷整定,即按式(3.10)计算,保护范围至少越过下一段线路的末端。Ⅲ段的动作时间 t_1^{III},较相邻线路过电流保护装置的动作时间 t_2^{III} 大一个 Δt,即 $t_1^{III} = t_2^{III} + \Delta t$,保护装置的灵敏性按式(3.12)及(3.13)校验。

三段电流保护中,Ⅰ段动作电流整定值较大,动作时间最短,Ⅲ段动作整定值最小,动作时间最长,其动作时限呈阶梯特性,又称为阶段式电流保护。阶段式电流保护要解决的主要问题是配合问题。其一为保护范围的配合,保护范围的配合实际上是由保护的整定值来决定的,即由整定值的配合来完成;其二为动作时间的配合。

三段电流保护具有简单、可靠,并且在一般情况下也能够满足快速切除故障的要求,因此在 35 kV 及以下的较低电网中获得广泛的应用。其缺点是它直接受电网的接线以及电力系统的运行方式变化的影响,例如,整定值必须按系统最大运行方式来选择,而灵敏性则必须用系统最小运行方式来校验,这使它往往不能满足灵敏性或保护范围的要求。

根据线路的实际需要,也常常选取三段中的任意两段构成两段电流保护。

1)三段电流保护的整定计算案例

如图 3-9 所示为 35 kV 单侧电源的输电线路,拟采用三段电流保护,保护装置的Ⅰ段、Ⅱ段采用两相不完全星形联结,Ⅲ段采用两相三继电器不完全星形联结,试计算保护装置各段的动作电流、动作时间及校验保护装置的灵敏度。

已知:线路 XL_1 的最大负荷电流为 150 A,自启动系数 $K_{MS} = 1.5$,电流互感器的变比 $n_{TA} = 200/5$,由短路计算求得的最大运行方式及最小运行方式下的三相短路电流值见表 3.1,线路 XL_2 过电流保护装置的动作时限 $t_2^{III} = 2$ s。

表 3.1 三相短路电流计算表

短路点	k_1	k_2
最大运行方式下三相短路电流/A	1 310	500
最小运行方式下三相短路电流/A	1 070	485

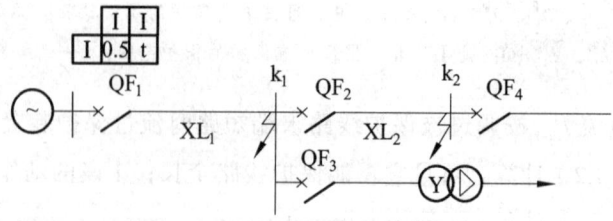

图 3-9 三段电流保护计算实例

解：（一）保护装置的 I 段

$$I_{op·1}^{I} = K_{rel}^{I} I_{k1max}^{(3)} = 1.3 \times 1\,310 = 1\,703 \text{ A}$$

（二）保护装置的 II 段

首先计算相邻线路 XL$_2$ 的保护装置 I 段的动作电流，即

$$I_{op·2}^{I} = K_{rel}^{I} I_{k2max}^{(3)} = 1.3 \times 500 = 650 \text{ A}$$

故线路 XL$_1$ 保护装置 II 段的动作电流为

$$I_{op·1}^{II} = K_{rel}^{II} I_{op·2}^{I} = 1.1 \times 650 = 715 \text{ A}$$

保护装置 II 段的动作时限为 0.5 s。

保护装置 II 段的灵敏系数，按 k$_1$ 点最小两相短路电流进行校验。最小两相短路电流为

$$I_{k1·min}^{(2)} = \frac{\sqrt{3}}{2} I_{k1·min}^{(3)} = \frac{\sqrt{3}}{2} \times 1\,070 = 927 \text{ A}$$

故得灵敏系数为

$$K_s = \frac{I_{k1·min}^{(2)}}{I_{op·1}^{II}} = \frac{927}{715} = 1.3 \geqslant 1.25$$

（三）保护装置的 III 段

$$I_{op}^{III} = \frac{K_{rel}^{III} K_{MS}}{K_{re}} I_{L·max} = \frac{1.2 \times 1.5}{0.85} \times 150 = 318 \text{ A}$$

保护装置 III 段的动作时限为 $t_1^{III} = t_2^{III} + \Delta t = 2 + 0.5 = 2.5 \text{ s}$

保护装置 III 段的灵敏系数按下述两种情况校验，即

$$K_{s·k1} = \frac{I_{k1·min}^{(2)}}{I_{op·1}^{III}} = \frac{927}{318} = 2.9 > 1.5$$

$$K_{s·k2} = \frac{I_{k2·min}^{(2)}}{I_{op·1}^{III}} = \frac{\sqrt{3}}{2} \cdot \frac{I_{k2·min}^{(3)}}{I_{op·1}^{III}} = \frac{\sqrt{3}}{2} \times \frac{485}{318} = 1.32 > 1.2$$

均符合规程要求。

3.1.5 零序电流保护

反映零序电流增大而动作的保护称为零序电流保护，零序电流保护主要用作单侧电源辐射网络的接地保护，只反应接地故障。

1. 电网接地保护概述

为了保证电力系统的安全运行,电力系统的中性点(即变压器的中性点)往往需要通过不同方式与大地相连,即所谓中性点接地。当电力系统中的电压不同时,对电网的要求也就不同,因此,中性点的接地方式也不同。目前我国 110 kV 及以上电压等级的电网,采用中性点直接接地方式;3～35 kV 电压等级的电网,采用中性点不接地或中性点经消弧线圈接地方式。

采用中性点直接接地方式的电网发生单相接地时,电网将通过短路点和中性接地点构成短路回路,因而故障电流很大,故通常称这种方式的电网为大接地电流电网(或大接地电流系统)。采用中性点经消弧线圈接地和中性点不接地方式的电网发生单相接地时,由于其短路回路的电抗值较大,或根本不能构成短路回路,因而故障电流很小,故通常称这两种接地方式的电网为小接地电流电网(或小接地电流系统)。

实践证明,大接地电流电网中,大部分故障是接地短路故障,包括单相接地和两相接地,尤其以单相接地故障最多,约占短路故障的 60%～70%。这些短路故障虽然也可以采用前面所讲的电网相间短路的保护方式,但由于采用这些保护方式时,保护装置的动作电流较大,因而保护装置的灵敏度较低,常常不能满足灵敏系数的要求;而且这些保护装置用作保护接地故障时,还需要采用复杂的三相完全星形接线等。因此,目前在大接地电流电网中,广泛采用零序电流保护。

小接地电流电网发生单相接地时,不但故障电流很小,而且电网上的线电压仍然保持对称关系,因此不影响对负荷的正常供电,电网可以短时继续运行 1～2 h;但其他两相的对地电压要升高 $\sqrt{3}$ 倍,这对设备的绝缘不利,同时为了防止故障扩大成两点接地短路,应及时发出接地故障信号,以便值班人员采取措施予以消除。

2. 零序电流及零序电流保护逻辑图

线路正常运行时系统对称,线路首端测得的零序电流约为零;当系统发生接地故障时,会产生很大短路电流,此时的三相电流是不对称、不平衡的。一组三相不对称电流,可以分解成三组对称电流,即正序电流、负序电流和零序电流,如图 3-10 所示。正序、负序分量可以相互平衡,合成后为零,不会流向中性点;而零序电流是三个大小相等、方向相同的电流,如图 3-10(c)所示,是不能相互平衡抵消的。因此,中性点直接接地电网发生接地故障时会出现很大的零序电流。利用这一特点,在中性点直接接地电网中,由于零序电流保护简单可靠、灵敏度高,保护区较稳定,得到了广泛的应用。图 3-11 为阶段式零序电流保护的基本逻辑图。

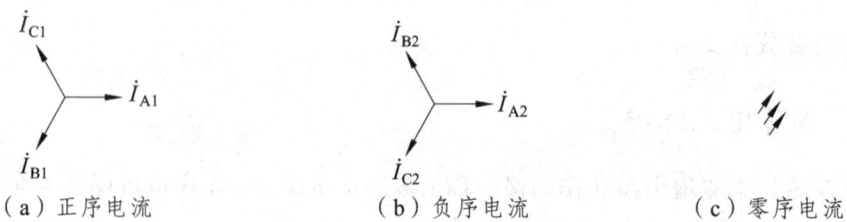

(a)正序电流　　　　　(b)负序电流　　　　　(c)零序电流

图 3-10　正序、负序、零序电流相量图

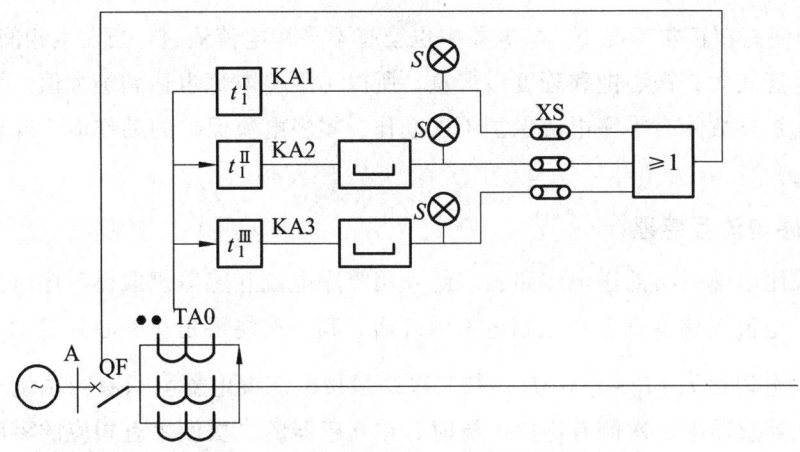

图 3-11 阶段式零序电流保护的基本逻辑图

要构成阶段式零序电流保护,需要获得零序电流。零序电流互感器是一种专门来变换零序电流的电流互感器,变换零序电流有两种方式,一种是利用零序电流滤过器,另一种是利用零序电流互感器。

3. 零序电流滤过器

零序电流滤过器是利用分别接在三相中完全相同三个电流互感器构成的,如图 3-12 所示。电流互感器二次侧同极性端接成星形,即并联连接,反应零序电流的电流继电器的线圈接于中性线上,则继电器上流过三相电流相量之和。正常时或发生三相对称短路时,三相电流相量和为零,电流继电器不启动。当出现接地故障时,电流不对称,此时可将其分解为三组对称分量,三相正序分量、三相负序分量各自相互平衡,相量和为零。则电流互感器中感应出的只是三倍零序电流 $3I_0$,即流入继电器的电流为

$$\dot{I}_k = \dot{I}_a + \dot{I}_b + \dot{I}_c = 3\dot{I}_0 \tag{3.15}$$

当电流达到电流继电器的动作值后,零序电流保护启动。

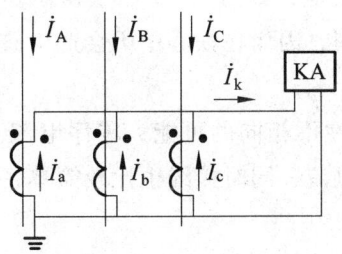

图 3-12 零序电流滤过器

正常情况下,零序电流等于零,继电器不会动作,但实际上由于三个互感器铁心的饱和程度不同以及制造过程中的某些差别,会引起三相电流互感器励磁特性不一

致,这样即使是在正常情况下,继电器中也会有不平衡电流流过。当发生相间短路时,由于短路电流较大,铁心饱和程度最严重,所以不平衡电流也达到最大值。为保证电网发生相间短路故障时零序电流保护不误动作,零序电流保护的动作值应躲过最大不平衡电流。

4. 零序电流互感器

对于采用电缆引出的送电线路,广泛采用零序电流互感器以取得零序电流,如图3-13所示。电流互感器就套在三相电缆的外面,其一次绕组是从铁心穿过的电缆,即互感器一次电流是 $\dot{I}_A + \dot{I}_B + \dot{I}_C = 3\dot{I}_0$,其二次绕组接电流继电器。只有当系统发生接地短路,电流互感器中一次侧有零序电流时,在互感器的二次侧才有相应的零序电流输出,故称为零序电流互感器。

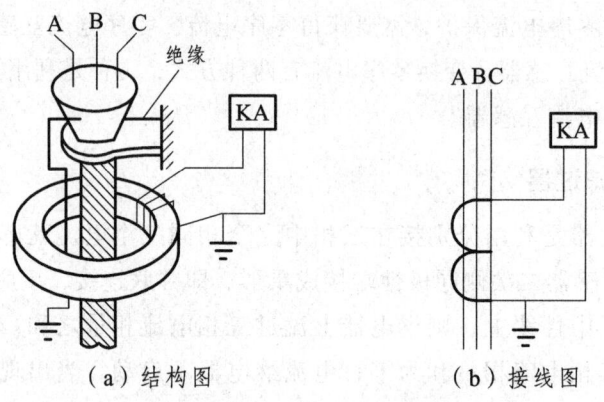

图 3-13 零序电流互感器

发生接地故障时,接地电流不仅可能在地中流动,还可能沿着故障线路电缆的导电外皮或非故障电缆的外皮流动。正常运行时,地中杂散电流也可能在电缆外皮上流过,这些电流可能导致保护的误动作、拒绝动作或使其灵敏度降低。为了解决这个问题,在安装零序电流互感器时,电缆头应与支架绝缘,并将电缆头的接地线穿过零序电流互感器的铁心窗口后再接地,如图3-13(a)所示。这样沿电缆外皮流动的电流来回两次穿过铁心,互相抵消,因而在铁心中不会产生磁通,这就不至于影响保护的正确工作。

因为不存在铁心磁化特性不相同的可能,零序电流互感器与零序电流滤过器相比,主要优点是没有不平衡电流,同时接线也比较简单,可以通过灵敏度降低电流继电器整定值。

3.2 电压保护

当系统运行方式变化较大时,电流速断保护的保护范围有可能小于被保护线路全长的 15%，尤其对于短路电流曲线变化平坦或距离较短的线路，甚至没有保护范围；同时，对于重负荷且距离又较长的线路，过电流保护的灵敏度也难以满足要求，因此通常还采用电压速断和低电压启动过电流保护。电压保护按照所反应的电压量是升高还是降低而动作，可构成过电压保护和低电压保护。

1. 过电压保护

过电压保护是反应测量电压升高超过整定值而动作的保护。过电压保护可用于被保护对象不允许在过电压状态下运行的电气设备保护，如发电机、变压器、电动机等。一般灵敏度都能满足要求。

2. 低电压保护

低电压保护是反应测量电压下降至低于整定值的保护，但由于电压的测量一般是在母线处，故障点到母线的短路阻抗以及故障设备本身的短路阻抗致使母线处残压较高，所以单纯的低电压保护灵敏度都较低，一般不单独使用。在实际应用中，为保证同一母线上多回引出线电压速断保护的选择性，以及避免电压互感器二次断线引起保护误动作，一般均利用低电压保护与电流保护一起构成电流、电压联锁速断保护，即电压和电流同时满足动作条件时出口跳闸。

如图 3-14 所示是电流闭锁的电压速断保护原理示意图。当其他线路故障或电压互感器二次回路断线时，低电压继电器失电，其常闭接点虽然闭合，但电流继电器不会动作，其常开接点处于断开位置，故保护装置不会误动作，只有当本线路发生故障时，电压继电器和电流继电器都动作，保护装置才会动作。这种保护称为电流闭锁电压速断保护装置，其中，电流继电器的动作电流按躲过线路的最大负荷电流整定，电压继电器的动作电压按躲过被保护线路末端两相短路时保护装置安装处母线最小残压来整定。

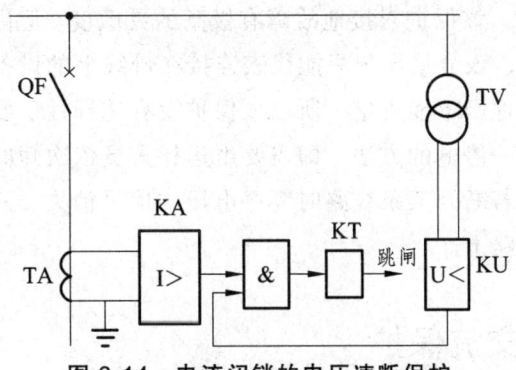

图 3-14 电流闭锁的电压速断保护

3. 零序电压保护

在中性点非直接接地电网中，只要本级电压网络中发生单相接地故障，则在同一电压等级的变电站的母线上，都将出现数值较高的零序电压。利用这一特点，在发电厂和变电站的母线 TV 开口三角形侧连接一套反应过电压保护就构成了零序电压保护，用于监视网络的单相接地，称为绝缘监察装置。它利用接地后出现的零序电压，带延时动作于信号。

绝缘监察装置的原理接线图如图 3-15 所示。正常运行时，系统三相电压对称且没有零序电压，所以三只电压表读数相等，过电压继电器 KV 不会动作。当系统任一出线发生接地故障时，接地相对地电压为零，而其他两相对地电压升高三倍，同时在开口三角形处出现零序电压，过电压继电器 KV 动作，延时发出接地信号。

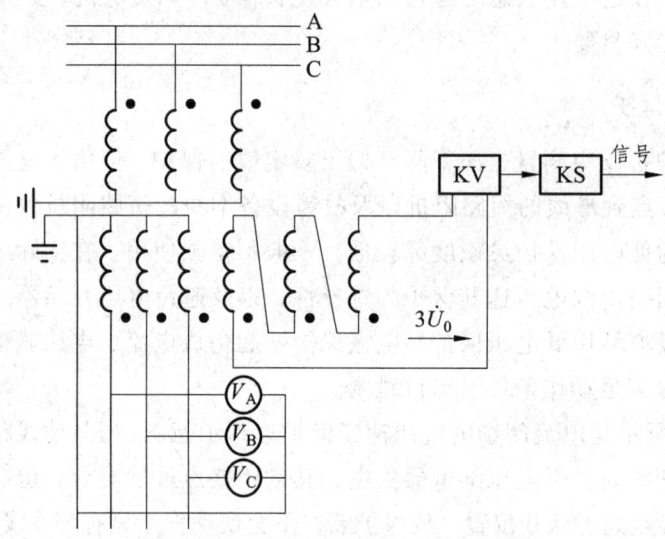

图 3-15　绝缘监察装置的接线原理图

发生金属接地故障时，开口三角形的零序电压约为 100 V，而发生非金属接地故障时，开口三角形处的零序电压小于 100 V。为了保证过电压继电器的灵敏度，启动电压一般整定为 40 V。该保护对接地故障有极高的灵敏度。但由于零序电压的测量是由母线处的 TV 完成，该分量出现只能代表连接在母线上的设备出现了接地故障，但具体是哪一条线路接地则不能肯定，所以该保护没有选择性。要想知道是哪一条线路发生故障必须采取逐一停电的方法，即需要由运行人员依次短时断开每条线路，并继之将断开线路投入。若断开某条线路时零序电压的信号消失，三只电压表指示相同，则表明故障是在该线路上。

3.3　城轨供电交流保护

3.3.1　城轨供电系统交流保护配置

城轨供电交流系统部分主要由外电源接入电缆、主变电所（集中供电方式）、向线路提供电源的中压电缆网、电力变压器以及动力照明供电系统组成。其中交流中压环网和动力照明供电系统是其主要部分。其保护配置方案与供电系统的电压等级、电网结构形式、供电系统的运行方式、系统中性点接地方式和供电系统故障水平有直接关系。保护配置的主要原则是当供电系统发生故障时，应尽可能可靠而快速地切除故障，尽可能把故障范围缩减到最小，以及快速恢复系统的正常运行。一般配置为：

（1）35 kV 环网电缆设置光纤纵联差动保护作为线路相间短路和单相接地短路的主保护，定时限过流保护作为线路相间短路的近后备和远后备保护，零序电流保护作为线路单相接地短路的近后备和远后备保护。35 kV 母联开关设置定时限过流保护和零序电流保护。对于环网进出线回路，一般不设置速断保护，该保护很难或无法实现环网各级回路的选择性配合。

（2）35 kV 母线设过电压、欠电压保护。

（3）牵引变压器设电流速断保护、过电流保护、零序电流保护。

（4）10 kV 主要配置速断、过电流、零序过电流等保护类型，其中定时限过流及零序过电流装设于 10 kV 环网进、出线柜上，用于实现对本站 10 kV 母线相间及接地短路的故障保护，同时与下游线路及本站配电变压器的过流、零序过流保护配合，用作下游线路或电力变压器的远后备保护。

（5）400 V 配电系统中，一般采用单母线分段运行方式，通过与母线相接的开关设备上装设的速断、过流、零序过流等保护类型，实现对 400 V 母线的保护。

3.3.2 光纤纵联差动保护

线路纵联差动保护是当线路发生故障时，使两侧开关同时快速跳闸的一种保护装置，如图 3-16 所示。它是用某种通信通道将输电线两端的保护装置纵向联结起来，将各端的电气量（电流、功率的方向等）传送到对端，将两端的电气量比较，以判断故障在本线路范围内还是在本线路范围外，从而决定是否切断被保护线路。纵联差动保护具有原理简单、使用电气量单纯、保护范围明确、动作不需延时等优点。

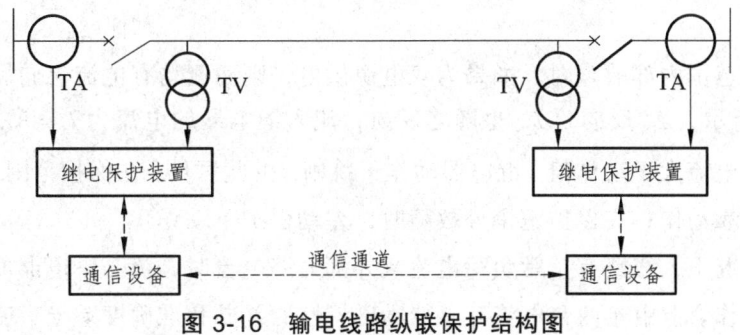

图 3-16 输电线路纵联保护结构图

光纤纵联差动保护是近年来短线路纵联保护的主要通道形式，以光纤通信作为通道的电流纵差保护,是一种差动保护。它将两侧的电气量先转换成数字信号,再通过光纤进行双侧通信,对两侧的电气量进行比较。光纤差动保护目前一般应用在很重要的线路中作为主保护,并且可以保护线路的全长;且光纤作为继电保护的通道介质具有不怕超高压与雷电电磁干扰、对电场绝缘、频带宽和衰耗低等优点。

纵联电流差动保护的原理示意图如图 3-17 所示。在线路的 M 和 N 两端装设特性和变比完全相同的电流互感器 1TA、2TA,两侧电流互感器一次回路的正极性均置于靠近母线的一侧,二次回路的同极性端子相连接,差动电流继电器并接在电流互感器的二次端子上,两侧电流互感器之间的线路是差动保护的保护范围。

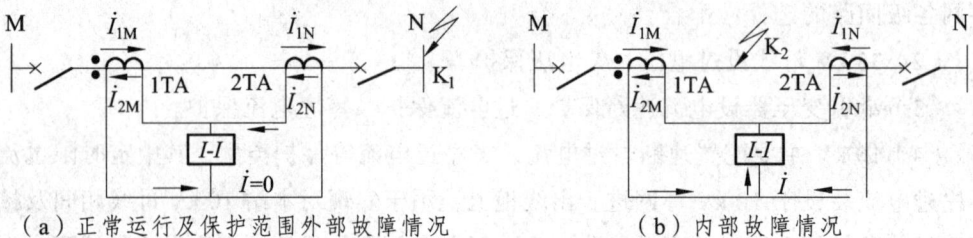

(a)正常运行及保护范围外部故障情况　　(b)内部故障情况

图 3-17　线路纵联差动保护原理接线图

规定线路两端电流互感器一次侧电流 $\dot{I}_{1M}$ 和 $\dot{I}_{1N}$ 的正方向为从母线流向被保护的线路,则流入继电器的电流即为各电流互感器二次电流的相量和,即

$$\dot{I}_j = \dot{I}_{2M} + \dot{I}_{2N} = \frac{1}{n_{TA}}(\dot{I}_{1M} + \dot{I}_{1N}) \tag{3.16}$$

式中,n_{TA} 为电流互感器变比;$\dot{I}_{1M}$、$\dot{I}_{2M}$ 分别为 M 侧电流互感器一次、二次绕组电流;$\dot{I}_{1N}$、$\dot{I}_{2N}$ 分别为 N 侧电流互感器一次、二次绕组电流。

当正常运行以及保护范围外部故障时,如图 3-17(a)所示,$\dot{I}_{1M}$ 与 $\dot{I}_{1N}$ 总是一个正方向,另一个反方向,即一个从母线流向线路,另一个从线路流向母线,反应到二次绕组则是 $\dot{I}_{2M}$ 与 $\dot{I}_{2N}$ 大小相等方向相反,流入继电器的电流 $\dot{I}_j = I_{2M} - I_{2N} = 0$,继电器不动作。

当保护范围内部故障时,如果为双电源供电,则两侧均有电流流向短路点,如图 3-17(b)所示,$\dot{I}_{1N}$ 反向,$\dot{I}_{2N}$ 也随之反向,流入继电器的电流为 $\dot{I}_j = I_{2M} + I_{2N}$,此时继电器中的电流大于动作值,继电器动作于跳闸。由此可见,在保护范围内部故障时,差动保护可靠动作;在保护范围外故障时,差动保护不动作。

理想情况下,线路有正常负荷电流或外部短路电流时,流入继电器的电流为零,继电器不动作。但由于两台电流互感器励磁特性的差异和准确度差异,使得两台电流互感器二次电流 $\dot{I}_{2M}$ 与 $\dot{I}_{2N}$ 不可能完全相互抵消,从而产生不平衡电流,不平衡电流可能使继电器误动作。为克服这一缺点只能提高动作电流,降低灵敏度。

复习思考题

1. 电流速断保护的整定原则和保护范围是什么？
2. 为什么要设限时电流速断保护？它的保护范围和动作电流是如何选择的？
3. 什么叫定时限过电流保护？它的动作电流是根据什么原则确定的？如何保证它的选择性？
4. 电流速断保护、限时电流速断保护和过电流保护各有什么优缺点？
5. 何为反时限过电流保护？它与定时限过电流保护有何区别？
6. 如图 3-9 所示，线路 XL1 的最大负荷电流为 200 A，D1 点的最大三相短路电流为 1 950 A，最小三相短路电流为 1 510 A；D2 的最大三相短路电流为 700 A，最小三相短路电流为 620 A，其他参数与三段电流保护的整定计算案例相同，试进行线路 XL_1 的三段电流保护的整定计算。
7. 零序电流保护用于反应什么故障？如何获取零序分量？
8. 中性点不接地系统中，当发生金属性单相接地时，故障线路上的零序电流和系统零序电压的数值与什么有关？
9. 什么叫电压保护？
10. 在变电所中的绝缘监察装置采用什么原理构成？如何整定？
11. 城轨供电交流系统一般采用哪些保护配置？
12. 什么叫光纤纵联电流差动保护？简述其工作原理。

4 变压器保护

电力变压器是电力系统、铁道牵引供电系统和城市轨道供电系统中使用相当普遍，是十分重要、昂贵的电气设备，它的正常供电和安全运行是供电系统可靠工作的必要条件。电力变压器是一种静止的电气设备，其结构较简单、运行可靠性较高、发生故障的机会相对较少；但由于变压器是连续运行的，停电机会很少，受安装环境影响较大，且外接负荷，容易受到供电系统短路故障的影响，因此必须根据电力变压器的容量与重要程度装设性能完善的继电保护装置，来保证电力变压器的安全运行和防止事故扩大。

城轨供电系统的变压器主要包括主变电所（集中供电方式）中的主变压器、牵引所中为接触网（接触轨）供电的牵引变压器、为城轨动力照明设备等供电的动力（降压）变压器。

每台变压器根据其所处位置，所起作用的不同，采用不同的变压器，且工作方式也不一样。主变电所将来自城市电网的高压电源，降压为城轨使用的中压，供给牵引供电系统和配变电系统。主所中的主变压器一般采用有载调压的油浸式变压器，容量较大，且应能满足以下要求：正常运行时每台主变压器容量应承担其供电区域内的全部一、二、三级负荷供电；当一台主变压器退出运行时，由另一台主变压器承担本所供电区域的一、二级负荷供电。牵引变压器通过与整流机组配合，将城轨中压电源降压整流为适合列车使用的直流电；动力变压器则将城轨中压电源降压为 380/220 V 电源供给动力照明设备使用。在多数城轨供电系统中，这两种变压器都采用树脂绝缘的干式变压器，空气自然冷却或配置风冷系统。

4.1 变压器的保护方式

4.1.1 变压器的运行状态

变压器的运行状态分为正常运行状态、不正常运行状态和故障状态。

变压器的不正常运行状态主要有变压器过负荷运行、变压器外部故障引起的过电流，油箱漏油引起的油位下降、冷却系统故障、变压器油温升高，外部接地短路引起中性点过电压、绕组过电压和频率降低引起过励磁等。这些不正常运行会导致变压器绕组与铁心过热，加速绝缘老化，这是变压器运行所不允许的。

变压器的故障分为油箱内部故障和油箱外部故障。油箱内部故障主要有绕组相间短路、接地短路、绕组的匝间和层间短路及铁心的烧损等。变压器的油箱内部故障具有危险的后果,因为短路所产生的高温电弧,不仅会烧坏线圈的绝缘和铁心,而且会引起变压器油和其他绝缘物剧烈气化,以致造成变压器油箱的爆炸,因此必须很快地予以切除。油箱外部故障是指变压器绝缘套管与引出线故障引起的相间短路与单相碰壳接地短路,当变压器油箱外部故障时,线圈中将流过较大短路电流,会使变压器温度上升,影响变压器的正常运行。运行经验指出,变压器油箱内部故障以绕组的匝间短路居多,油箱外部故障以引出线的相间短路、单相接地短路居多。

4.1.2 变压器的保护配置

变压器继电保护的任务就是反应上述故障及异常运行状态,并通过断路器切除故障变压器,或发出信号告知运行人员采取措施消除异常运行状态。根据变压器的故障和不正常运行状态应进行以下继电保护配置:

(1)反应油箱内部故障与油面降低的瓦斯保护:容量为 800 kVA 及以上的室外油浸式变压器、容量为 400 kVA 及以上的室内油浸式变压器,按规定应装设瓦斯保护。当油箱内故障产生轻微瓦斯或油面下降时,应瞬时动作于信号;产生大量瓦斯时,应动作于断开变压器各侧断路器。

(2)反应变压器绕组及引出线的相间短路、中性点接地侧绕组及引出线的接地短路、绕组匝间短路的纵联差动保护或电流速断保护:容量为 10 MVA 及以上单独运行的变压器应装设差动保护;容量为 10 MVA 及以下且过流时限大于 0.5 s 时应装设电流速断保护,当灵敏度不能满足要求时应装设差动保护。保护动作后应瞬时断开故障变压器各侧断路器。

(3)反应变压器外部相间短路并作为变压器主保护(纵联差动保护、电流速断保护与气体保护)后备的过电流保护(过电流保护、复合电压启动的过电流保护、负序电流保护、单相低压启动过电流保护):过电流保护一般用于降压变压器,对于升压变压器或过电流保护灵敏度不能满足要求的降压变压器,一般采用复合电压启动的过电流保护;牵引变电所三相主变压器采用一套三相低电压启动过电流保护(装设在高压侧)、一套装设在低压侧的单相低电压启动过电流保护。保护装置动作后,应有选择性地切除外部故障或断开变压器各侧断路器。

(4)反应中性点直接接地系统中外部接地短路的零序电流保护:变压器中性点直接接地运行,应装设零序电流保护;变压器中性点可能接地也可能不接地运行,应装设零序电流、电压保护。保护装置动作后,应有选择性地切除外部故障或断开变压器各侧断路器。

(5)反应变压器负荷过大的过负荷保护:过负荷保护应接于一相电流上,带时限动作于信号。在无人值班的变电所,必要时过负荷保护可动作于跳闸或断开部分负荷。

（6）反应变压器过励磁的过励磁保护：因为现代大型变压器的额定磁密近于饱和磁密，频率降低或电压升高时容易引起变压器过励磁，导致铁心饱和，励磁电流剧增，铁心温度上升，严重过热会使变压器绝缘劣化，寿命降低，最终造成变压器损坏。

4.2 变压器的非电量保护

变压器的非电量保护是相对于变压器的电气量保护而言，通过监测变压器的非电气状态参数（如瓦斯气体、油温、油位等）及变压器辅助设备（如冷却器）的状态，判断变压器运行状态和外部环境，从而达到保护的目的。

4.2.1 瓦斯保护

变压器油箱内常见的故障有绕组匝间或层间绝缘破坏造成的短路，或高压绕组对地绝缘破坏引起的单相接地短路。油浸式变压器以变压器油作为绝缘和冷却介质，当发生相间短路或单相接地故障时，由短路电流或接地电容电流造成的故障点电弧温度很高，使附近的变压器油及其他绝缘材料受热分解产生大量气体，这些气体在油箱内上升，并流向油枕。当发生绕组的匝间或层间短路时，局部温度升高也会使油的体积膨胀，排除溶解在油内的空气，形成上升的气泡。故障越严重，产生的气体越多，流向油枕的气流速度越快，油箱内部压力越大。利用故障时气体上升、油面下降和气体压力构成的保护装置，称之为气体保护，也称为瓦斯保护。

瓦斯保护能灵敏地反应油箱内的各种形式故障。这是其他类型的保护装置所达不到的。例如绕组的匝间短路，其短路电流只在绕组的极少匝数的线圈内环流，反应在变压器外部电路的电流变化很小，尚不足以使变压器的差动保护或电流速断保护动作。像变压器漏油等故障，其他保护也不能反应，但瓦斯保护均能灵敏反应。因此，瓦斯保护是反应变压器油箱内故障最有效的一种保护装置。

瓦斯保护分为轻瓦斯保护和重瓦斯保护。轻瓦斯主要反应变压器内部轻微故障和变压器漏油，动作于信号；重瓦斯主要反应变压器内部严重故障，动作于跳闸。

1. 瓦斯继电器的构成及工作原理

瓦斯保护装置的主要元件是瓦斯继电器，它是反应气体的多少和流速从而动作的一种非电量继电器，安装在变压器油箱油枕的连接管道中。当油箱内部故障时，油箱内的气体流向油枕并驱动瓦斯继电器动作。为了便于气体的流动，在安装变压器时，应使变压器油管顶盖与水平面具有 1%～1.5%的倾斜度，连接管与具有 2%～4%的倾斜度，如图 4-1 所示。

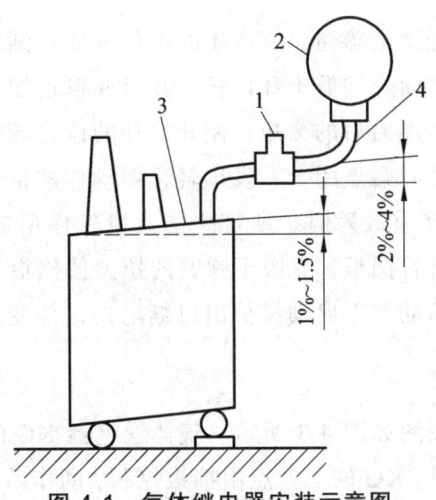

图 4-1 气体继电器安装示意图

1—瓦斯继电器；2—油枕；3—变压器顶盖；4—连接管道

目前国内采用的气体继电器主要是开口杯挡板式这种结构，如图 4-2 所示。正常运行时，继电器的开口杯内充满了油，开口杯因其自重抵消浮力后的力矩而处在上浮位置，固定在开口杯旁的磁铁位于干簧触点的上方，干簧触点可靠断开，轻瓦斯保护不动作；挡板在弹簧的作用下处在正常位置，磁铁远离干簧触点，干簧触点也是断开的，重瓦斯保护也不会动作。由于采取了两个干簧触点串联和用弹簧拉住挡板的措施，使重瓦斯保护具有良好的抗震性能。

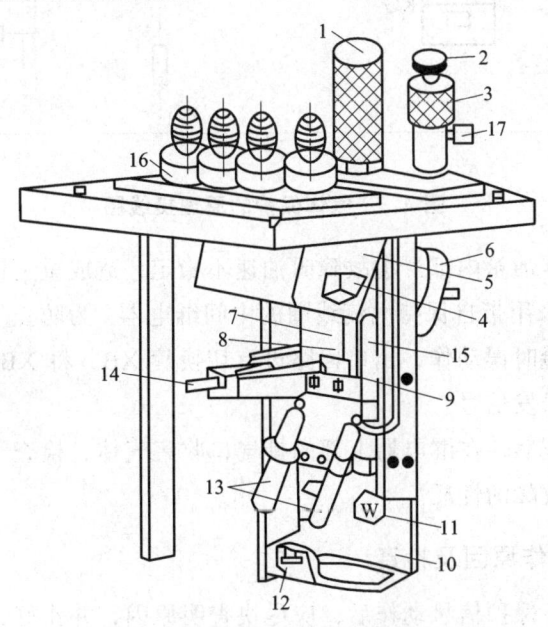

图 4-2 QJ1-80 型气体继电器的结构图

1—罩；2—顶针；3—气塞；4、11—磁铁；5—开口杯；6—重锤；7—探针；8—开口销；9—弹簧；10—挡板；12—螺杆；13、15—干簧触点；14—调节杆；16—套管；17—排气口当变压器内部发生轻微故障时，所产生的少量气体逐渐聚集在继电器的上部，使继电器内的油面下降，油面降到低于开口杯，开口杯自重加上杯内油重抵消浮力后的力矩将大于重锤自重抵消浮力后的力矩，使开口杯的位置随着油面下降，磁铁逐渐靠近干簧触点，到一定程度时触点闭合，发出轻瓦斯动作的信号。

当变压器内部发生严重故障时，所产生的大量气体形成从变压器冲向油枕的气流，带油的气体直接冲击着挡板，克服了弹簧的拉力使挡板偏转，磁铁迅速靠近干簧触点，触点闭合（重瓦斯动作）启动保护出口继电器，使变压器各侧断路器跳闸。

2. 气体保护的接线

气体保护的原理接线图如图4-3所示。气体继电器KG的上触点由开口杯控制，闭合后发出延时动作信号；KG的下触点由挡板控制，动作后经信号继电器KS启动出口继电器KCO，使变压器各侧断路器断开。

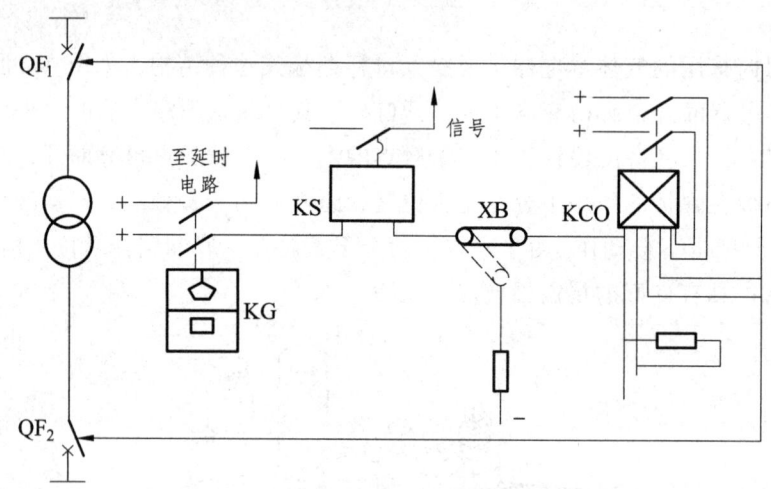

图4-3 气体保护的原理接线图

为了防止变压器油箱内部严重故障时油速不稳定，造成重瓦斯触点时通时断而不能可靠跳闸，KCO采用带自保持电流线圈的中间继电器。为防止气体保护在变压器换油或气体继电器实验时误动作，出口回路设有切换片XB，将XB倒向电阻R_1侧，可使重瓦斯保护改为只发信号。

气体继电器动作后，在继电器上部的排气口收集气体，检查气体的化学成分和可燃性，从而判断出故障的性质。

3. 瓦斯保护动作原因及检查

当变压器轻瓦斯保护信号动作后，应尽快查明原因，并作好记录。轻瓦斯动作的原因有以下几点：

（1）因变压器内部故障而产生少量气体。

（2）因滤油、加油或冷却系统不严密，致使空气浸入变压器。
（3）因温度下降或漏油致使油位降低。
（4）二次回路故障误发信号。
（5）由于发生穿越性短路而引起。

轻瓦斯动作后的检查处理有以下几个方面：

（1）对变压器进行外部检查，油位、油温是否正常，有无异常漏油、喷油情况，有无检修人员工作，并注意表计有无变化，加强对变压器的监视。

（2）检查瓦斯继电器内是否充满油，若瓦斯继电器内存在气体时，则应从瓦斯继电器上部排气口收集气体，记录气量，鉴定气体的颜色及是否可燃，并取气样及油样进行色谱分析。若瓦斯继电器内的气体为无色、无臭而不可燃，色谱分析判断为空气，则变压器可继续运行。若气体是可燃的，色谱分析其含量超过正常值，则经常规试验给以综合判断，若判明变压器内部已有故障，则必须将变压器停运，以便分析动作原因和进行检查试验。

重瓦斯保护动作的处理步骤有以下几个方面：

（1）对变压器外部进行全面检查，各部位有无漏油、喷油现象。
（2）取瓦斯气体进行分析判断。
（3）检查二次回路判断是否为瓦斯保护误动。
（4）测量变压器绝缘电阻。
（5）经上述检查未发现问题，可对变压器进行零起升压试验，若良好则可投入运行。
（6）若发现有明显故障，则由检修人员进行处理。
（7）如果确定是重瓦斯保护误动作，可停用重瓦斯，但恢复送电时，差动保护必须投入。

在城轨供电系统的实际运用中，一般将轻、重瓦斯保护信号接入微机保护装置中，由微机对保护信号进行采集判断，并通过站控自动化系统将保护信息上传至监控工作站或控制中心记录或处理。

4.2.2 温度保护

变压器如果长时间在较高温度下运行，则将导致变压器的老化加剧，影响变压器的使用寿命，因此必须对变压器的温度进行监测。

油浸式变压器一般测量变压器的顶层油温，变压器温度的测量采用变压器专用的温度计，如图4-4所示。温控器主要包括温包、Pt100电阻、毛细管、波纹管、表头、压力式继电器。温控器除了显示温度，还带有电气接点用于发出报警信号及控制变压器冷却系统。

图 4-4　油浸变压器温控器

干式变压器的温度控制是通过预埋在干式变压器三相绕组中的三只 Pt100 热敏电阻来检测变压器绕组的温度，保证变压器运行在安全状态。还可以用另一只 Pt100 热敏电阻监测环境温度或用户认为比较重要的温度，如铁心温度等。干式变压器的温度控制系统如图 4-5 所示。

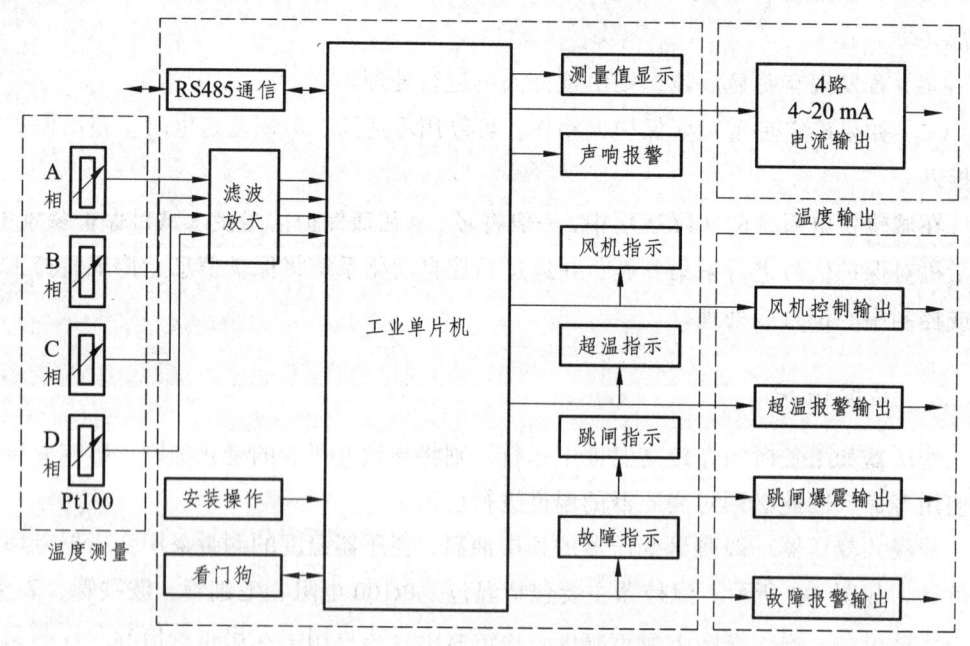

图 4-5　干式变压器温度监控系统

4.2.3 压力释放保护

当变压器超载或故障时，会引起油箱内部压力升高，如果压力达到一定程度而得不到释放，则可能引起变压器的爆炸，所以油浸式变压器需要装设过压保护装置——压力释放阀。当变压器内部达到一定压力时，压力释放阀便动作，释放阀的膜盘跳起，变压器油排出，同时释放阀便可靠关闭，使变压器油箱内保持正压，有效防止外部空气、水分及其他杂质进入油箱。

4.2.4 冷却器故障、风冷消失保护

由于变压器铁耗和铜耗的影响，变压器在运行中会产生较大的热量，尤其在高温的环境时，发热问题更加严重。中小型变压器一般利用散热器进行自然冷却，而大中型变压器一般都装有冷却装置。

当变压器采用风冷却方式时，在变压器油箱壁或散热器上加装风扇，提高散热器的冷却效率。当风扇因故停转时，风扇的保护系统发出"风冷消失"的告警信号。

当变压器采用强迫油循环冷却方式时，利用油泵将变压器油打入油冷却器冷却后再送回油箱。变压器可以装设多台冷却器和备用冷却器，根据温度和负载控制冷却器的投切。一般情况下，若冷却器出现故障，则投入其他冷却器或备用冷却器，并发出告警信号；若冷却器全停，则应发出跳闸信号。

总之，对于微机保护装置，来自变压器的非电气量接点有三种类型：不需要延时跳闸的接点、需要延时跳闸的接点、只需发告警信号的接点。一般情况下，不需要延时跳闸的非电气量有本体重瓦斯、调压重瓦斯、压力释放、绕组过温等；需要延时跳闸的非电气量有冷却器故障等；只需发出告警信号的非电气量有本体轻瓦斯、调压轻瓦斯、本体油位异常、有载调压油位异常、油温高、风冷消失等。

4.3 变压器的纵联差动保护

4.3.1 变压器纵联差动保护的原理与接线

变压器差动保护是一种反应于变压器内部故障的保护类型，其基本原理是流入变压器的能量与流出变压器的能量理论上应该相等（除去变压器的励磁及漏磁损耗），实际中往往以电流的形式来反映。它分为纵联差动和横联差动，变压器保护中应用的是纵联差动保护，如图4-6所示。

在双绕组变压器两侧装设电流互感器，互感器根据极性接成电流差的形式。流入差动元件的电流为 $\dot{I}_2' - \dot{I}_2''$，当变压器正常运行或者是出现电流互感器之外故障时，$\dot{I}_2' - \dot{I}_2'' = 0$，差动保护不动作；当发生差动保护区内故障时，$\dot{I}_2' - \dot{I}_2'' > 0$，差动保护动作，发出跳闸信号，变压器各侧断路器分闸，对变压器起到保护作用。

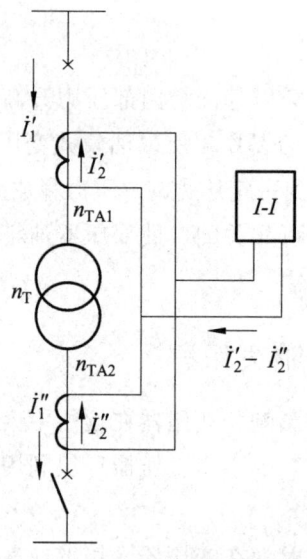

图 4-6 差动保护原理接线图

由于变压器高压侧和低压侧的额定电流不同，所以必须适当选择两侧电流互感器的变比，使得在正常工作时和外部故障时两侧的二次电流相等。即

$$\dot{I}'_2 = \dot{I}''_2 = \frac{\dot{I}'_1}{n_{TA1}} = \frac{\dot{I}''_1}{n_{TA2}} \tag{4.1}$$

那么

$$\frac{n_{TA2}}{n_{TA1}} = \frac{\dot{I}''_1}{\dot{I}'_1} = n_T \tag{4.2}$$

式中，n_{TA1} 为高压侧电流互感器的变比；n_{TA2} 为低压侧电流互感器的变比；n_T 为变压器的变比。

因此这种按相实现的差动保护，其电流互感器变比的选择原则是两侧电流互感器变比的比值等于变压器的变比。

4.3.2 变压器纵联差动保护的不平衡电流及减少不平衡电流的方法

实际上，由于变压器励磁涌流、接线方式和电流互感器误差等因素的影响，即使两侧电流互感器的变比等于变压器变比，正常或外部短路时流入差动元件中的电流也不会等于零，而是会流过一个不平衡电流，不平衡电流对差动保护产生影响。形成不平衡电流的因素很多，需要对应地采取措施。

1. 由电流互感器计算变比与实际变比不同引起的不平衡电流

变压器在正常运行时纵差保护回路中不平衡电流主要是由电流互感器、变压器接线引起的。对于由电流互感器计算变比与实际变比不同引起的不平衡电流，可以通过软件补偿，即引入一个折算系数，某一侧电流乘以折算系数后与另一侧相同；也可采用在模数变换板上直接调整变压器各侧电流的硬件调整平衡系数的方法，把各侧的额定电流都调整到保护装置的额定工作电流（5A 或 1A）。

2. 由变压器两侧电流相位不同而产生的不平衡电流

对于由变压器两侧电流相位不同而产生的不平衡电流，可以通过改变电流互感器接线的方法（也称为相位补偿法）来克服。例如如果变压器 Y 形接线侧，其电流互感器采用△形接线；变压器△形接线侧，其电流互感器采用 Y 形接线，这时两侧电流互感器二次侧输出电流同相位，但在电流互感器接成△形侧的差动臂中，电流值又增大 $\sqrt{3}$ 倍，此时为保证在正常运行及外部故障情况下差动回路中没有电流，就必须将该侧电流互感器的变比扩大 $\sqrt{3}$ 倍，以减小二次电流，使之与另一种接线方式中二次侧的电流相等，接线如图 4-7 所示。在微机保护中，变压器各侧电流互感器均接成 Y 形，因相位不同而产生的不平衡电流可以通过软件进行相位校正。

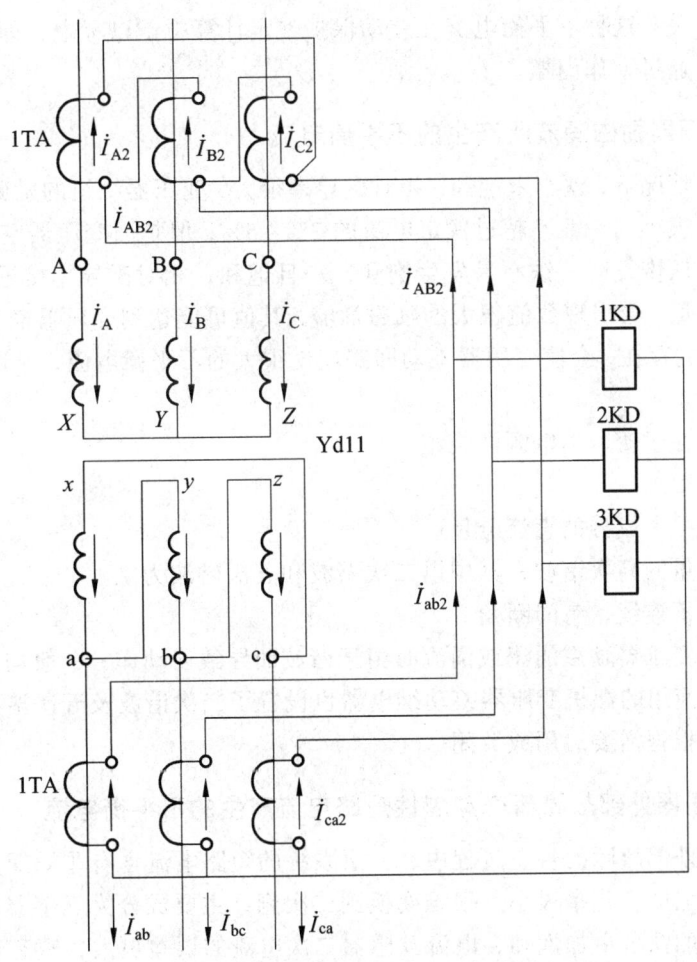

图 4-7 Yd11 变压器两侧电流互感器的接线图

3. 由变压器两侧电流互感器型号不同而产生的不平衡电流

电流互感器是一个铁磁元件，当电流互感器的型号不同时，它们的饱和特性、励磁电流等也就不同，即使两侧电流互感器的变比符合要求，流入差动元件的差电流也不会为零，即在正常运行或外部短路时，会有不平衡电流流入差动回路。因此，差动保护各侧用的电流互感器，要尽量选用同型号、同特性的产品；尽量减小电流互感器的二次负荷，可通过减小控制电缆的电阻（适当增大导线截面，尽量缩短控制电缆长度），采用弱电控制用的电流互感器（二次额定电流为1A）等方法；或者采用带小气隙的电流互感器，这种电流互感器铁心的剩磁较小，能够改善电流互感器的暂态特性，从而使变压器各侧电流互感器的工作特性更趋于一致。

4. 由变压器带负荷调节分接头产生的不平衡电流

变压器带负荷调整分接头是电压调整的一种方法，改变分接头就是改变变压器的变比，整定计算中，差动保护只能按照某一变比整定，当差动保护投入运行后，因为调压需要改变分接头挡位，变压器变比就会出现新的不平衡电流，不平衡电流的大小与调压范围有关。这种不平衡电流在差动保护整定计算中予以考虑，即适当增加保护的动作电流，通过动作门槛。

5. 由变压器励磁涌流所产生的不平衡电流

正常运行情况下，铁心未饱和，相对磁导率很大，变压器绕组的励磁电感也很大，因而励磁涌流很小，一般不超过额定电流的3%~5%。但是当变压器空载投入或外部故障切除后电压恢复时，铁心易发生饱和，一旦饱和，相对磁导率接近于1，变压器绕组的电感降低，会出现数值很大的励磁涌流，其值可能达到变压器额定电流的6~8倍。励磁涌流的存在，会使变压器差动回路产生很大的不平衡电流，导致保护误动作。励磁涌流的特点：

（1）只存在于变压器电源侧绕组。
（2）数值很大。
（3）含有很大成分的直流分量。
（4）含大量的高次谐波，其中以二次谐波和五次谐波为主。
（5）波形不连续，有间断角。

为了防止变压器励磁涌流或涌流时由于谐波而导致误动作，一般均采取一定的制动措施，目前使用的微机变压器差动继电器也设置了二次谐波及五次谐波制动的功能选项，用户可根据需要启用或关闭。

6. 由变压器外部故障暂态穿越性短路电流产生的不平衡电流

在变压器外部故障的暂态过程中，一次系统的短路电流含有非周期分量，它在铁心中的磁感应强度变化率很小，很难变换到二次侧，主要成分为互感器的励磁电流，从而使互感器的铁心更加饱和，电流互感器二次电流的误差更大，暂态过程中的不平衡电流也将更大。在微机变压器保护中，选用带制动特性的差动保护或用数字滤波滤除非周期分量等方法来解决暂态过程中非周期分量电流的影响问题。

在实际应用中，差动继电器按图 4-8 所示方式连接，差动线圈 L_{op} 接入差动回路中，制动线圈及平衡线圈均接入差动保护的臂上，而二次线圈则接入电流继电器的线圈回路中。

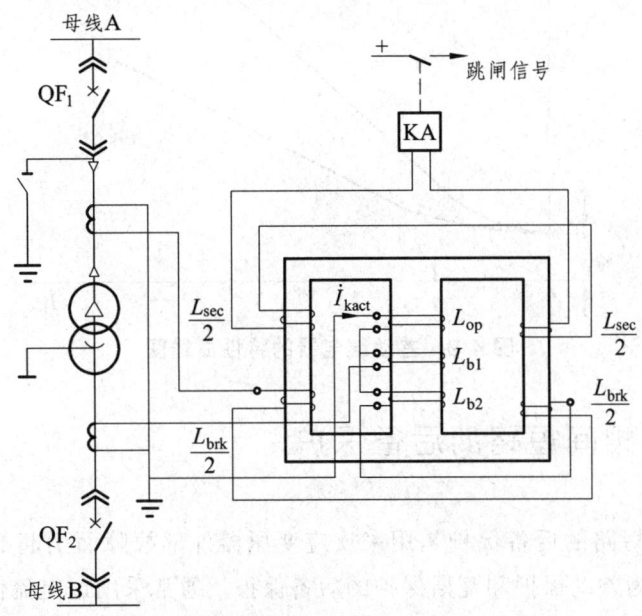

图 4-8　变压器差动保护的接线原理图

$\dot{I}_{act}$—动作电流；L_{op}—差动线圈；L_{sec}—二次线圈；$\dot{I}_{brk}$—制动电流；
L_{brk}—制动线圈；L_{b1}、L_{b2}—平衡线圈

当不考虑制动线圈的作用时，差动线圈与二次线圈实际上就是一个饱和变流器，因此它可以有效消除不平衡电流或励磁涌流中的非周期分量。使用中将在这种情况下的继电器动作电流称为最小工作电流，用 I_{kact} 表示。但当考虑制动线圈的作用时，它就有了更好地躲过穿越性故障不平衡电流的性能。因为在穿越性故障情况下，随着一次故障电流增大，制动电流 I_{brk} 也随之增大，从而使两边柱的磁通饱和，导磁率降低。在这种情况下，要使电流继电器动作，就必须加大差动线圈 L_{op} 的电流，才能使继电器动作。在 I_{brk} 一定的情况下，制动线圈 L_{brk} 匝数越多，制动能力就越强，动作电流 I_{kact} 也就增加的越多。如图 4-9 所示。

所以，在实际应用中，差动继电器的整定值应大于以下因素引起的不平衡电流：

（1）由变压器励磁涌流所产生的不平衡电流。

（2）由变压器两侧相位不同而产生的不平衡电流。

（3）由计算变比与实际电流互感器变比的不同而产生的不平衡电流。

（4）由变压器两侧电流互感器型号不同而产生的不平衡电流。

（5）由变压器带载调压而产生的不平衡电流。

（6）由穿越故障而引起的不平衡电流。

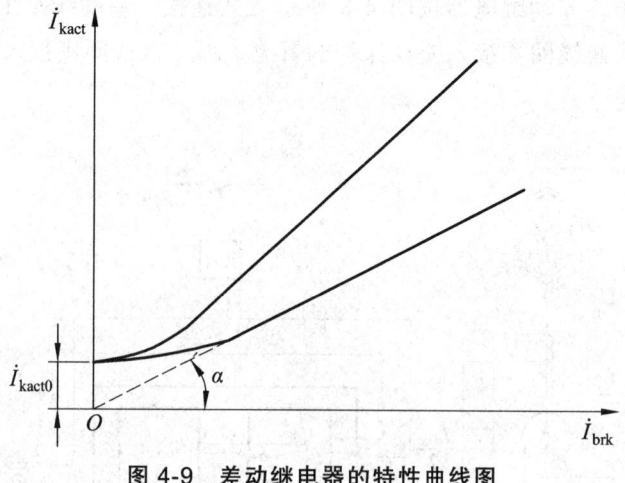

图 4-9　差动继电器的特性曲线图

4.4　变压器相间短路的后备保护

变压器相间短路的后备保护是用来反应变压器外部故障而引起的变压器绕组过电流，同时也作为差动保护和瓦斯保护的后备保护。通常采用过电流保护、低电压启动的过电流保护、复合电压启动的过电流保护以及负序过电流保护等。

为防止变压器长期过负荷运行，使绝缘老化，影响绕组绝缘寿命，还应装设过负荷保护。

4.4.1　过电流保护

变压器的过电流保护按躲过变压器可能出现的最大负荷来整定。最大负荷电流可按以下两种情况考虑：

（1）对并列运行的变压器，应考虑切除一台变压器后产生的过负荷。

（2）对降压变压器，应考虑负荷侧电动机自启动时的最大电流，一般要求在变压器负荷侧母线短路时有 1.25 的灵敏度。

保护装置的动作时限应与上、下级的过电流保护相配合，即比下一级保护的动作时限大一个 Δt，同时比上一级过电流保护时限低一个 Δt。保护动作后跳开主变压器各侧断路器。

变压器过电流保护由于按最大负荷来整定，往往无法满足作为本元件近后备保护及相邻元件远后备保护的灵敏度要求。为此可采取电压启动的过电流保护来解决，常见的有低电压启动的过电流保护和复合电压启动的过电流保护。

4.4.2 低电压启动过电流保护

低电压启动的过电流保护如图 4-10 所示,由过电流保护和低电压启动元件两部分组成。

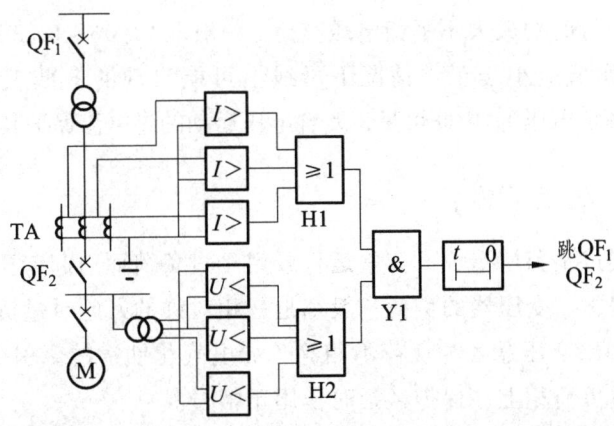

图 4-10 变压器低电压启动的过电流保护原理接线图

其中,过电流保护的动作电流可以不考虑并列变压器跳闸或电动机自启动等因素的影响,而只需按躲开变压器的额定电流来整定,这样可以降低过电流的整定值,从而提高保护的灵敏度。一般要求其作为近后备保护时灵敏度不小于 1.3,作为远后备保护时灵敏度不小于 1.2。

低电压元件的动作电压可按正常运行的最低工作电压整定,一般可取 0.9 倍额定电压。对于降压变压器,电压检测回路一般应按接于低压侧母线的电压互感器上,以提高在负荷侧发生故障时的电压灵敏度。

4.4.3 复合电压启动的过电流保护

复合电压启动的过电流保护如图 4-11 所示。低电压元件的电压取自本侧的 TV 或

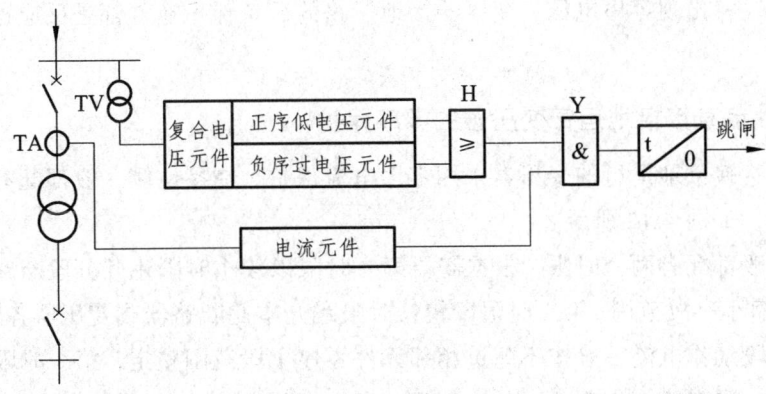

图 4-11 复合电压启动的过电流保护原理接线图

变压器各侧的 TV，动作判据为动作值小于低电压元件整定值；负序电压元件的电压取自本侧或变压器各侧，动作判据为动作值大于负序电压元件整定值；过流元件的电流取自本侧的 TA，动作判据为任一相电流大于过流定值。两个电压元件是或的关系。

复合电压启动的过电流保护的动作电流整定与低电压启动过电流保护相同。负序电压按躲过正常运行时的最大不平衡电压整定，一般取（0.06~0.12）U_N（额定电压）。低电压元件的动作值应小于正常情况下母线上可能出现的最低工作电压，一般取（0.5~0.6）U_N（额定电压）。由此可见，复合电压启动的过电流保护其电压灵敏度更高。

4.4.4 变压器的过负荷保护

为防止变压器过负荷所造成的异常运行或由于过负荷而引起变压器过电流，变压器需装设过负荷保护。变压器的负荷一般都是三相对称的，此时过负荷保护只需接入某一相电流；但如果变压器各相负荷不相等（如电气化铁道的牵引变压器），过负荷保护应该装设在重负荷相上，保护经延时作用于信号。

过负荷保护安装侧的选择，应能反应所有绕组的过负荷情况。双绕组降压变压器的过负荷保护应装在高压侧；单侧电源的三绕组降压变压器，若三侧容量相同，则过负荷保护仅装在电源侧，若三侧容量不同，则在电源侧和容量较小一侧分别装设过负荷保护；双侧电源的三绕组降压变压器或联络变压器三侧均应装设过负荷保护。

过负荷保护的动作电流按躲过变压器的额定电流整定，为防止过负荷保护在变压器外部短路时误动，其动作时间应大于变压器后备保护的最大时限，一般取 8~10 s。

4.5 变压器接地短路的后备保护

当地铁供电系统建有主变电所时，变压器电源一般引自 110 kV 城市电网，而这种接于中性点直接接地系统的变压器，一般要求在变压器上装设接地保护，作为变压器主保护和相邻元件接地保护的后备保护。发生接地故障时，变压器中性点将出现零序电流，母线将出现零序电压，变压器接地短路的后备保护通常都是反应这些电气量构成的。

1. 中性点直接接地运行变压器的零序保护

中性点直接接地运行的变压器采用零序电流保护，在接地侧一般都配有两段式零序电流保护，如图 4-12 所示。

每段一般都配有两个时限，根据需要第一时限以较小时限跳开分段断路器或本侧断路器，以缩小事故范围；第二时限以较长时限跳开本侧断路器或变压器各侧断路器。

零序Ⅰ段动作电流一般按不超过相邻元件零序Ⅰ段范围整定，第一时限比相邻元件零序Ⅰ段时限多一个 Δt 时限，第二时限比第一时限多一个 Δt 时限。

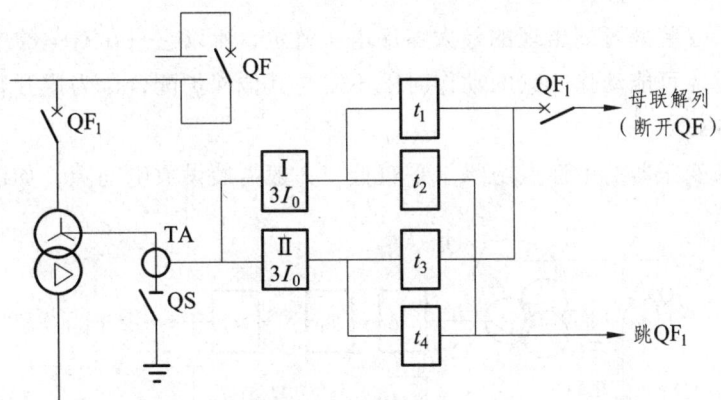

图 4-12　中性点直接接地变压器两段式零序电流保护原理接线图

零序Ⅱ段动作电流一般按不超过相邻元件零序后备段范围整定，第一时限比相邻元件零序后备段时限多一个Δt时限，第二时限比第一时限多一个Δt时限。

2. 中性点可接地也可不接地运行的变压器零序保护

中性点直接接地系统发生接地短路时，零序电流的大小和分布与变压器中性点接地数目和位置有关。为了使零序保护有稳定的保护范围和足够的灵敏度，系统中通常只有部分变压器中性点接地运行，这就造成部分变压器中性点有时接地运行有时不接地运行。当接地故障时，局部系统为中性点不接地系统，将会造成变压器中性点电压升高为相电压。对于这种后果，全绝缘变压器中性点的绝缘能够短时承受，但对分级绝缘的变压器，绝缘将受到损坏。所以对不同绝缘水平的变压器要装设不同的零序保护。

全绝缘变压器零序保护原理图如图 4-13 所示。

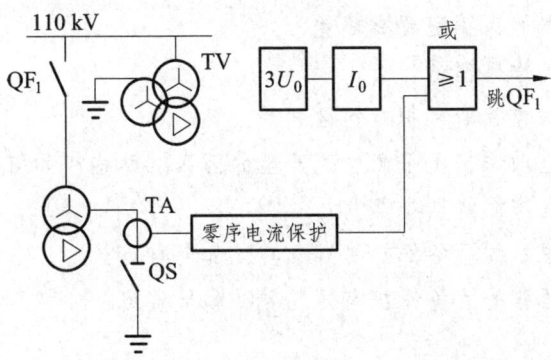

图 4-13　全绝缘变压器零序电流保护原理接线图

零序电流保护作为变压器中性点直接接地运行时的保护，而零序电压保护作为变压器中性点不接地运行时的保护。零序电流保护的整定原则与上述直接接地变压器的零序保护整定原则相同，零序电压元件动作电压按躲过在部分接地的电网发生单相接地短路时保护安装处可能出现的最大零序电压整定,所以它只在有关的中性点接地变压器已切断后才可能动作。它的动作时限不需与其他保护配合,为避开暂态影响,一般取 0.3~0.5 s。

分级绝缘变压器的中性点绝缘水平较低,一般需装设放电间隙,如图 4-14 所示。

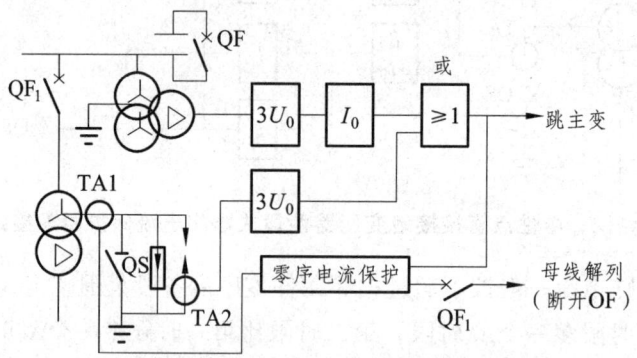

图 4-14 分绝缘变压器接地保护原理接线

此种保护方式由零序电流元件和零序电压元件两部分组成,当电网发生接地故障且失去中性点时,放电间隙击穿,放电电流使零序电流元件启动,迅速切除变压器,零序电压元件作为放电间隙拒动的后备。

接地保护动作后,应首先跳开有关的中性点不接地变压器,然后再跳开中性点直接接地变压器。

复习思考题

1. 变压器的故障分为哪几种?分别是什么?
2. 油浸式变压器的保护配置有哪些?
3. 瓦斯保护的工作原理是什么?
4. 轻瓦斯保护和重瓦斯保护有何区别?
5. 变压器纵联差动保护不平衡电流产生的因素有哪些?如何减少?
6. 变压器励磁涌流的特点有哪些?
7. 变压器相间短路的后备保护有哪几种?如何整定?
8. 变压器接地短路的后备保护有哪几种?如何整定?

5 城轨供电直流保护

在城市轨道交通牵引供电系统中,电能从牵引变电所经馈电线、接触网输送给电动列车、再从电动列车经钢轨、回流线流回牵引变电所。由馈电线、接触网(接触轨)、轨道回路及回流线组成的供电网络称为牵引网。城市轨道交通供电系统由牵引变电所或牵引降压混合变电所和牵引网系统构成,共同完成向城市轨道交通列车输送电能的任务。目前,城市轨道交通采用直流供电,直流供电系统包括直流开关柜、控制和保护系统、直流电缆、接触网等。

城轨供电直流系统在运行过程中,可能发生各种故障和不正常运行状态,这都可能引起系统事故发生,对电气设备和人身安全造成威胁。国内外城市轨道交通系统运行统计数据表明,60%的轨道交通火灾事故起因是电气故障。可见,直流供电系统的控制和保护对确保轨道交通的安全、可靠运行,具有举足轻重的作用。

城轨供电直流系统的安全可靠运行是保证机车安全运行的前提。为此,必须在牵引变电所的开关柜内安装直流供电保护装置,一方面在正常运行状态下,满足机车运行要求,另一方面在直流供电系统发生故障的情况下,选择性地迅速切除故障,以确保城市轨道交通的安全可靠。

5.1 城轨牵引供电方式

牵引供电系统的供电方式是指牵引变电所对牵引网的供电方式,包括单边供电、双边供电和大双边供电三种。

单边供电是指任何一个馈电区(牵引网)仅能从一侧牵引变电所取得电源的供电方式。一般线路终端如车辆段内采用单边供电方式。

双边供电是指任何一个馈电区同时从两侧牵引变电所取得两路电源。城市轨道交通的牵引供电系统,正常运行时正线均应采用双边供电方式。双边供电示意图如图 5-1 所示。

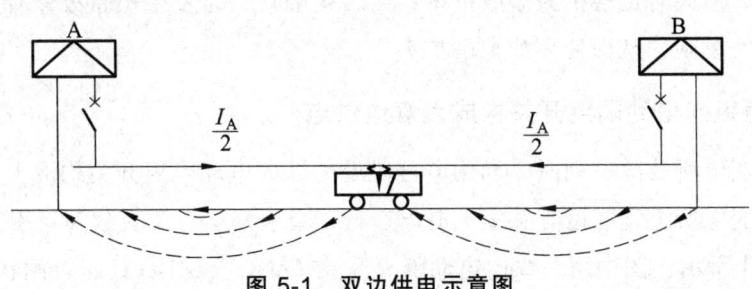

图 5-1 双边供电示意图

双边供电比单边供电具有更明显的优点。就牵引网的平均电压损失、列车带电运行时受流器上的电压损失、列车最大平均电压损失、牵引网的功率损失等而言，双边供电都是单边供电的 1/3～1/4。双边供电时，列车的再生能量可以被同行列车吸收，当车流密度高时再生能量更容易被同行列车利用；而单边供电时，再生能量被其他同行列车吸收的可能性极小。此外，双边供电的杂散电流值是单边供电的 1/3～1/4，双边供电走行轨对地电位如图 5-2 所示。

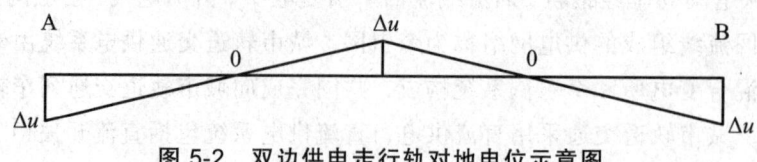

图 5-2　双边供电走行轨对地电位示意图

鉴于双边供电比单边供电优点更多，系统中任何一座牵引变电所故障解列时，应采取技术措施，实行大双边供电。实现大双边供电有以下两种方式：

1. 利用解列的牵引变电所的直流母线构成大双边供电

如图 5-3 所示，当牵引变电所只有两套整流机组退出运行，并且直流母线、上下行 4 路馈线开关及其二次回路完好无损且能正常运行时，可以实现该种大双边供电。

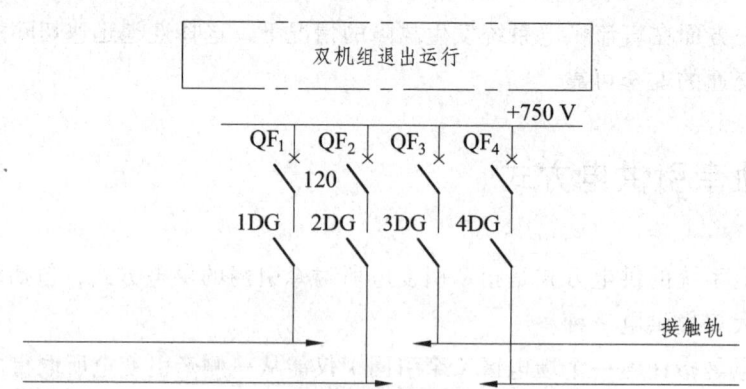

图 5-3　利用直流母线构成大双边供电

利用故障变电所的直流母线将上下行的接触轨并联起来，虽然改变了电压质量，降低了损耗，但同时也会扩大事故范围，因为接触轨一点发生短路故障时，可能引起多路馈出开关跳闸，从而使事故范围扩大。

2. 利用纵向电动隔离开关构成大双边供电

当牵引变电所故障解列时，利用电分段处的纵向电动隔离开关构成大双边供电，使整座牵引变电所（含隧道开关柜）退出运行，牵引网运行不受故障牵引变电所的影响，如图 5-4 所示。图中两台纵向电动隔离开关 1ZDG、2ZDG 处于合闸状态。

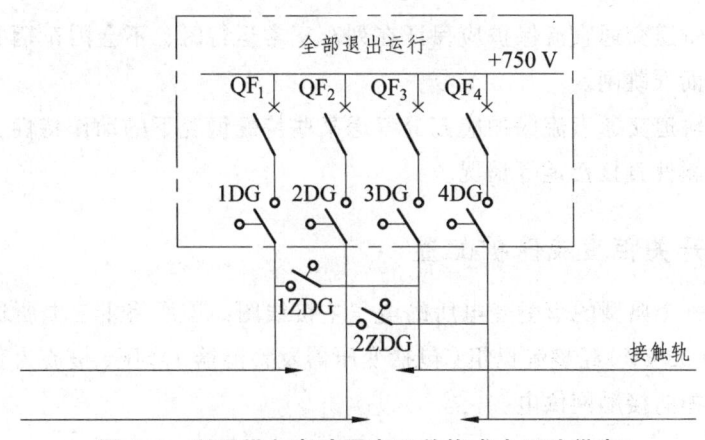

图 5-4 利用纵向电动隔离开关构成大双边供电

5.2 城轨供电直流系统保护配置

5.2.1 城轨供电直流系统保护配置原则

城市轨道交通直流牵引供电系统的保护，可以分为两部分：牵引整流机组保护和直流馈线保护。牵引供电系统保护的最大特点就是系统的"多电源"和保护的"多死区"。所谓多电源，即当牵引网发生短路时，并非仅双边供电两侧的牵引变电所向短路点供电，而是全线的牵引变电所皆通过牵引网向短路点供电。所谓多死区，是因牵引供电系统本身构成的特点和保护对象的特殊性而形成保护上的死区。任何保护的最基本要求，就是当发生短路故障时，首先要迅速切断电源、消除死区。针对这两点，牵引供电系统除了交流系统常用的保护，还设置了牵引变电所内部联跳、牵引网双边联跳、电流上升率 di/dt、电流增量 ΔI 等特殊保护措施，以完全满足上述要求。

对任何供电系统的继电保护而言，可靠性总是第一位的，而对直流牵引供电系统，速动性是和可靠性同等重要的。所以直流侧保护皆采用毫秒级的电气保护设备，如直流快速断路器、di/dt、电流增量 ΔI 保护等，目的就是在直流短路电流上升过程中将其遮断，不允许短路电流到达稳态值。至于选择性，在直流牵引供电系统中则处于次要位置，其保护的设置是宁可误动作，不可不动作。误动作可以用自动重合闸进行矫正；不动作则后果严重，和交流电弧电压过零可以自动熄灭不同，牵引供电系统短路时产生的直流电弧，如不迅速切断电源，会长时间维持燃烧而不熄灭。

（1）城市轨道交通直流保护应充分考虑到各种保护之间的相互配合关系，以保证在直流供电系统发生短路故障时，能快速、可靠地切除故障。城市轨道交通直流保护不同于交流电力系统保护。在交流电力系统中，保护动作定值与延时的配合，可保证故障的可靠切除。而对城市轨道交通直流保护而言，接触网一旦发生故障，就要求其快速跳闸，不同原理保护的配合就显得尤为重要。

（2）城市轨道交通直流保护应保证在列车正常运行时，不会因车辆的启动或加速产生的大电流而误跳闸。

（3）城市轨道交通直流保护应充分考虑某些特殊情况下的动作特性，如接触网末端短路或非金属性直接接地等情况。

5.2.2 直流开关柜直流保护配置

图 5-5 是一个典型的牵引变电所的电气主接线图，该所将主变电所送来的交流高电压（典型值：33 kV）经整流机组（包括变压器及整流器）降压、整流为直流 1 500 V，再经直流开关柜向接触网供电。

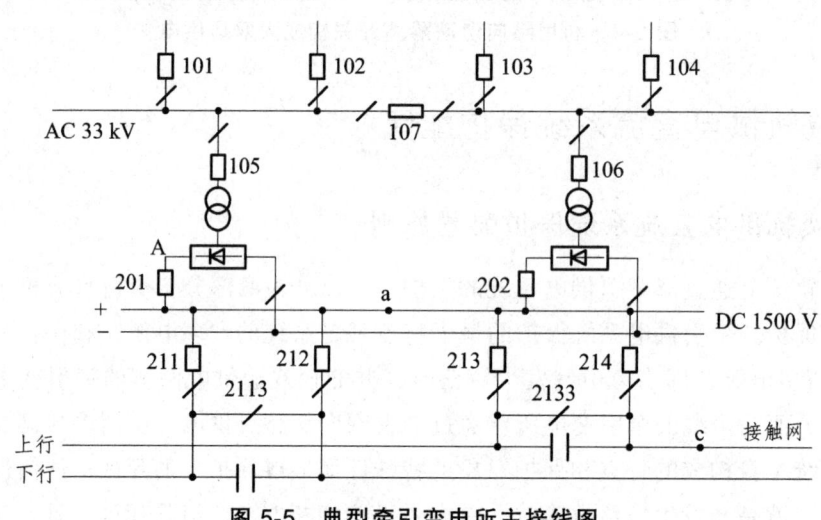

图 5-5 典型牵引变电所主接线图

牵引变电所内的直流保护系统必须在系统发生故障时快速、准确地切除故障，同时又要避免列车正常运行时一些电气参数的变化引起保护装置误跳闸。后备保护的存在增加了故障切除的可靠性，同时也增加了与主保护配合的难度，所以保护的配置也不宜过多。不同的牵引变电所其电气特性不同，运行要求不同，所以保护装置的整定值不同，甚至保护的配置亦不相同。通常，牵引变电所内的直流保护安装于开关柜中，其可能的配置如下。

1. 馈线柜（图 5-5 中对应 211，212，213，214 开关柜）

馈线柜安装于正极母线和接触网馈出电缆之间，其内配置正极母线、直流快速断路器及相关保护、控制设备，提供多种馈线保护和控制，在馈出接线铜排旁设有避雷器，这是城市轨道交通供电保护系统中最主要的保护设备。馈线柜内装设的手车式直流快速断路器，其手车能方便地拉出和推入。所有二次保护控制测量元件均安装于标准的安装导轨上，卡插式安装固定，方便更换，其安装接线方式均能满足运行维护过程可靠、方便、快捷的要求。

馈线柜配置的保护和控制功能为：

① 大电流脱扣保护（over-current protection）。

② 电流上升率保护（di/dt protection）。

③ 定时限过流保护（definite-time over-current protection）。

④ 低电压保护（under-voltage protection）。

⑤ 双边联跳保护（transfer intertrip protection）。

⑥ 接触网热过负荷保护（cable thermal overload protection）。

⑦ 自动重合闸（automatic re-closure）。

2. 进线柜（图 5-5 中对应 201，202 开关柜）

进线柜（也称为正极柜），其功能是控制直流母线与车站变电所母线之间的通断，柜内主要由直流快速断路器（或电动隔离开关）、分流器、避雷器、测量与控制单元组成。保护系统安装在断路器操作机构中，主要由各种硬件电路构成，通过直流分流器、直流传感器、霍尔传感器、隔离变送器、分压器等元件测量线路的电流和电压，输入保护系统，根据系统判据，确定线路是否有故障。一旦系统检测出线路故障，断路器分闸，从而实现保护功能。整个系统的可靠性依赖于线路电流、电压等电路信息量的精确检测和其保护判据的准确性。

进线柜配置的保护和控制功能为：

① 大电流脱扣保护（over-current protection）。

② 逆流保护（reverse current protection）。

3. 负极柜（图 5-5 中 B 点）

负极柜采用固定安装方式，由加强型钢板和高强铝合金骨架组装而成，柜内装有手动/电动隔离开关，并可根据需要设置一套框架泄漏保护装置，防止直流设备内部绝缘损坏时造成人身危险。负极柜主要实现接地保护和框架泄漏保护功能。

4. 轨道电位限制装置

轨道电位限制装置用于限制钢轨和地面之间产生较高的电压差，这种电压差是由于钢轨与地之间泄漏电阻的存在，使列车钢轨与地的电位升高而引起的。轨道电位限制装置的电压检测及接触器主触点均接于钢轨（负极）和地之间。

5.3 牵引整流机组继电保护

整流变压器与整流器合称为牵引整流机组，是城市轨道交通牵引变电所中的核心设备。在牵引变电所中，交流进线电源通过整流变压器降压，然后经整流器将交流电转变成直流电，供电动车辆使用。

5.3.1 牵引整流机组的配置

整流变压器柜中一般配备电流速断保护（对整流变压器一次侧短路）、过电流保护（整流变压器过负荷、二次侧短路及直流母线短路）、过负荷保护（牵引整流机组过负荷）、超温保护（整流变压器、整流器温度过高）等保护。其中，电流速断保护为主保护，其余为后备保护，变压器的过负荷保护是通过电流继电器的反时限来实现的。在整流器中，一般装设二极管快速熔断器故障报警/跳闸（即所谓一报警二跳闸）、散热器超温报警/跳闸（热敏装置报警/跳闸）、母排超温报警/跳闸等，这几类跳闸将使整流变压器的 35 kV/33 kV 开关跳闸，使整流器组退出运行。

除了以上保护配置，还装设了直流设备框架泄漏保护联跳，保护启动后，联跳中压侧馈线开关以及本牵引变电所所有直流断路器、相邻牵引变电所直流馈线断路器；联跳直流进线开关，当牵引整流机组中压侧馈线开关跳闸后，联跳直流进线断路器。

5.3.2 整流变压器保护原理

整流变压器具有二次侧电压低，电流大的特点，所以不能像电力变压器一样设置变压器纵联差动保护。当整流柜内部发生短路时，在弧光的作用下，极易造成整个直流系统的正、负母排之间的短路。此时，所有整流机组均向故障点供电，巨大的短路电流可能造成母线、直流开关等设备严重损坏，多个快速熔断器、整流元件烧毁。强大的短路电流可能在故障点引起爆炸、起火等，烧毁整流装置或整流变压器，甚至扩大事故，造成人员伤亡。

1. 电流速断保护

电流速断保护作用于中压交流断路器跳闸，要求躲开整流变压器的励磁涌流，并应大于变压器的额定电流，不考虑继电器的返回系数。同时，与直流系统框架泄漏保护装置配合，在直流侧发生接地或弧光短路时，作用于断路器分断跳闸。保护整定值为：

$$I_{act} = K_{rel}K_c I_{NT} n_i \tag{5.1}$$

式中，K_{rel} 为可靠系数，取值范围为 1.5~3.0，实际值可取 2.5；K_c 为接线系数，当继电器接于相电流时，$K_c = 1$；I_{NT} 为变压器一次侧额定电流；n_i 为电流互感器变比；I_{act} 为继电器动作电流。

2. 过电流保护

送电时整流机组在低挡位合闸，保护定值应躲过合闸冲击电流，或设置带时限的过电流保护。保护分别延时或瞬时动作于机组断路器，动作电流的计算与电流速断保护计算相同，只是 K_{rel} 取 1.1~1.5，延时整定值取 0.3~0.5 s，并考虑继电器返回系数（按 0.85 计算），同时取消合闸后延时装置。

3. 过负荷保护

过负荷保护的作用是防止机组在运行过程中出现过负荷而烧毁整流变压器。由于电力机车牵引负荷变化较大，容易出现过负荷运行的情况，设置过负荷保护可作为整个保护的后备保护。

4. 温度保护

干式变压器因没有油，也就没有火灾、爆炸、污染等问题，故电气规范、规程等均不要求干式变压器置于单独房间内。损耗和噪声降到了新的水平，更为变压器与低压屏置于同一配电室内创造了条件。并且环氧树脂及选用的其他绝缘材料具有难燃、自熄弧、耐潮、抗裂和免维护等特点，可以安装在室内，深入负载中心，所以在城市轨道交通供电系统中广泛采用干式整流变压器。

干式变压器的安全运行和使用寿命，很大程度上取决于变压器绕组绝缘的安全可靠。绕组温度超过绝缘耐受温度使绝缘被破坏，是导致变压器不能正常工作的主要原因之一，因此对变压器的运行温度的监测及其报警控制是十分重要的。

随着干式变压器技术的不断进步，其温度保护系统也得到了相应的发展。目前市场上存在多种干式变压器温度保护系统，比较常见的有单片机、PLC 控制的热电阻式智能温度保护系统，较先进的有采用非接触式红外测温、分布式光纤测温等温度保护系统。

城市轨道交通整流变压器温度保护采用了温度传感器测量绕组或绝缘的温度，同时外接一个温度控制器用于输出报警和跳闸信号。干式变压器是分相布置的，在每相上配置一个温度传感器，该传感器嵌装在低压绕组的上部（低压绕组布置在接地变压器的内层，正常运行时内层绕组的上部温度最高）。

图 5-6 所示为 TTC-300 干式变压器温度显示控制系统原理图。温控系统通过温控箱和安装在低压绕组中的 PTC 测温元件实现对变压器的温度检测和控制。自冷变压器配置二温控制箱，强迫风冷变压器配置四温控制箱。温显系统直观显示变压器运行过程中绕组或铁心的温度，可与温控系统配合使用。TTC-300 温度显示控制系统采用 PTC 非线性电阻和 Pt100 线性铂电阻双重保护测温，用 LED 进行温度显示，单片机控制，可显示绕组和铁心温度，可校调控制温度，自动/手动启停风机，自动发出报警、跳闸信号，此信号同时送向变电所综合自动化系统。其动作原理如下。

（1）风机自动控制：通过预埋在低压绕组最热处的 Pt100 热敏测温电阻测取温度信号。变压器负荷增大，运行温度上升，当绕组温度达 110 ℃ 时，系统自动启动风机冷却；当绕组温度低至 90 ℃ 时，系统自动停止风机。

（2）超温报警、跳闸：通过预埋在低压绕组中的PTC非线性热敏测温电阻采集绕组或铁心温度信号。当变压器绕组温度继续升高，若达到155 °C时，系统输出超温报警信号；若温度继续上升达170 °C，变压器已不能继续运行，须向二次保护回路输送超温跳闸信号，使变压器迅速跳闸。

（3）温度显示系统：通过预埋在低压绕组中的Pt100热敏电阻测取温度变化值，直接显示各相绕组温度（三相巡检及最大值显示，并可记录历史最高温度），可将最高温度以4～20 mA模拟量输出，若需传输至远方（距离可达1 200 m）计算机，可加配计算机接口，1只变送器最多可同时监测31台变压器。系统的超温报警、跳闸也可由Pt100热敏传感电阻信号动作，进一步提高温控保护系统的可靠性。

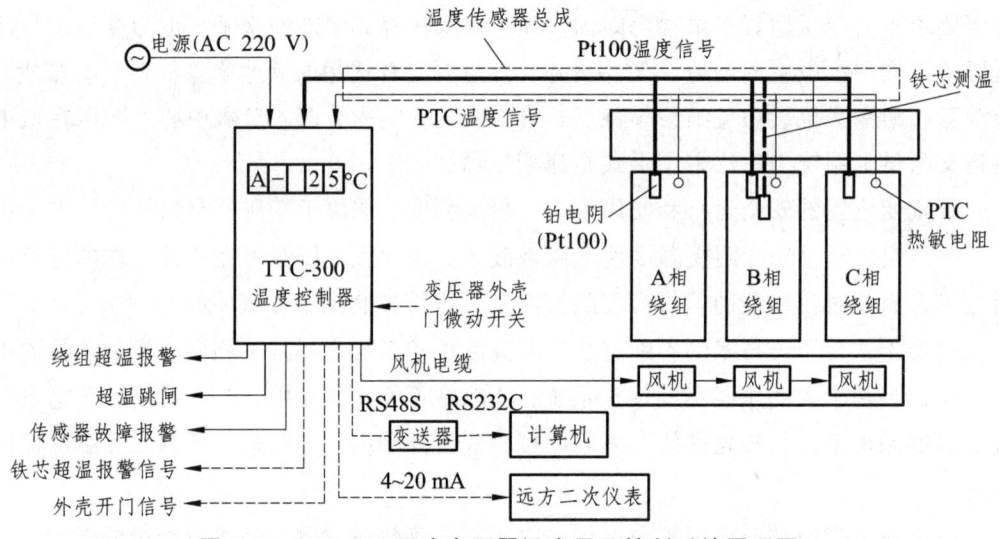

图 5-6　TTC-300 干式变压器温度显示控制系统原理图

城市轨道交通整流变压器温度保护跳闸定值的整定原则为：比接地变压器绝缘系统的温度等级低 5 °C 以保证绝缘不损坏。报警定值的整定原则为：比接地变压器绕组热点温度额定值低 15 °C，这是因为干式变压器绕组的最高温升与平均温升的差值目前尚缺乏资料（油浸式产品的差值为 13 °C），考虑到匝间故障点与温度测量点不会一致，把裕度放大一些，将干式产品差值确定为 15 °C。

5.3.3　整流器保护原理

如图 5-7 为 12 脉整流机组电气原理示意图。图中各部分字母代表意义如下：
GD—整流机组高压断路器。
ZB—12 脉波移相整流变压器。
ZL—12 脉波整流器。
SZ1、SZ2—3 相整流桥组。

CTg—整流变压器网侧电流互感器。
CTn—逆流监测电流互感器。
CP—整流变压器网侧微机保护。
FU—整流器内部短路保护。
IP—整流器逆流保护。
JGY—交流侧过电压保护。
HGY—二极管换向过电压保护。
ZGY—直流侧过电压保护。
Rm—压敏电阻。
Ry—压仓电阻。

整流器本体的保护设置一般应有：交流侧过电压保护——为限制整流变压器在分、合闸时产生的操作过电压，在整流器交流侧接有压敏电阻保护装置（图中的 JGY）；直流侧过电压保护——为限制因保护二极管的快速熔断器 FU 熔断及直流馈出高速断路器的跳闸等产生的过电压，在整流器直流侧接入阻容和压敏电阻保护装置进行限压保护（图中的 ZGY）；二极管换相过电压保护——为限制因二极管换相由整流变压器漏感产生的过电压作用于关断二极管上，一般须在整流桥臂并联接入阻容保护装置（图中的 HGY）；整流器内部短路保护——当桥臂支路二极管击穿造成整流器阀侧相间短路时，为了使故障支路快速隔离，如图 5.7 所示在每个二极管支路上串联一个快速熔断器 FU。

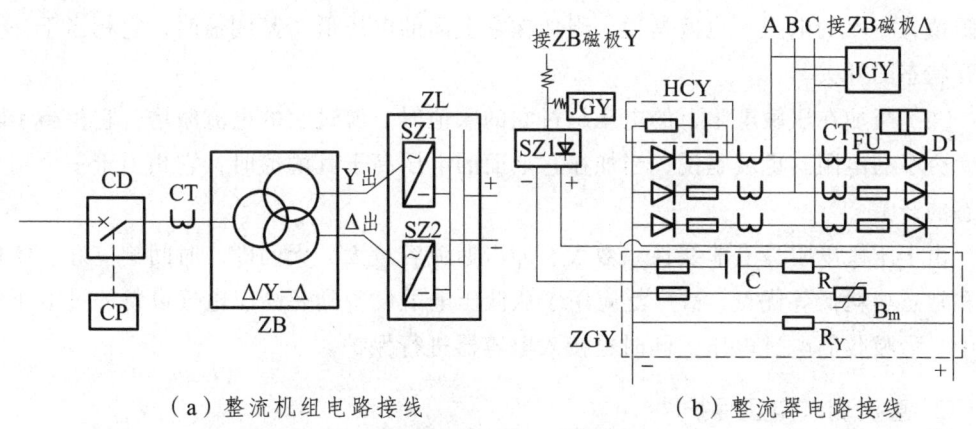

（a）整流机组电路接线　　　（b）整流器电路接线

图 5-7　12 脉整流机组电气原理示意图

1. 交流侧过电压保护

在下面三种情况下整流变压器的阀侧均会产生操作过电压。

（1）当整流机组空载时，将整流变压器一次侧断路器切断，由于激磁磁通在铁心内储存的能量不能突变，只能向绕组的分布电容充电，引起幅值极高振荡，若不加以保护，则振荡电压的峰值可达工作电压峰值的 8~10 倍。当带负载时，则电磁能量可以向负载释放，一般不会产生异常过电压。

（2）当整流变压器的负载变化较大，且网侧（电源侧）为高压时，则网侧在峰值时刻合闸，由于整流变压器网侧线圈之间有分布电容时，因静电感应，使网侧线圈瞬时感应出高电压。

（3）当整流机组网侧高压断路器接通空载整流变压器时，由于系统、线路、整流变压器漏感与变压器分布电容等构成振荡电路，在整流变压器绕组上产过电压。这一过电压的最大值可能为接通瞬间电源电压瞬时值的2倍，即整流变压器阀侧可能感应出2倍峰值的过电压。

上述的过电压的产生可能会严重危及整流二极管，必须采取保护措施。

对操作过电压一般采用压敏电阻保护。压敏电阻是一种具有非线性伏安特性的电阻器件，主要用于在电路承受过压时进行电压钳位，吸收多余的电流以保护敏感器件。英文名称叫"Voltage Dependent Resistor"简写为"VDR"，或者叫做"Varistor"。压敏电阻器的电阻体材料是半导体，所以它是半导体电阻器的一个品种，氧化锌（ZnO）压敏电阻器现今被大量使用。在中国台湾，压敏电阻器被称为突波吸收器，有时也称为电冲击（浪涌）抑制器（吸收器）。

压敏电阻是一种限压型保护器件。利用压敏电阻的非线性特性，当过电压出现在压敏电阻的两极间，压敏电阻可以将电压钳位到一个相对固定的电压值，从而实现对后级电路的保护。其工作原理为：

（1）当加在压敏电阻上的电压低于它的阈值时，流过它的电流极小，它相当于一个阻值无穷大的电阻。也就是说，当加在它上面的电压低于其阈值时，它相当于一个断开状态的开关。

（2）当加在压敏电阻上的电压超过它的阈值时，流过它的电流激增，它相当于阻值无穷小的电阻。也就是说，当加在它上面的电压高于其阈值时，它相当于一个闭合状态的开关。

由于压敏电阻具有非线性系数大、冲击通流容量大、无间隙、时间响应好、体积小和常态功耗低等优点，被广泛应用于从低压电子设备到超高压电气设备的过电压保护中。为吸收静电过电压，同时也接入电容器进行保护。

2. 直流侧过电压保护

城市轨道交通牵引供电系统的直流侧接在接触网上，位于地面的部分不可避免地要承受雷击过电压。在直流侧安装快速断路器，当断开直流侧故障电流时，会产生操作过电压；另外还有来自负载即城市轨道交通车辆上的过电压。当这些过电压处理不当，就会影响整流设备、线路中其他高压电气设备及城市轨道交通车辆等的运行。因此，在直流侧加装RC过电压抑制和放电回路，防止直流快速断路器分合时产生的操作过电压损坏二极管，并在整流器输出端并联一个压敏电阻，抑制残余过电压。

3. 换相过电压保护

在整流元件换相瞬间，由于载流子积累效应产生过电压，其最大值可以达到正常反向电压的 5～7 倍。为防止硅整流二极管在承受换相电压时产生过电压而遭到损坏，必须在阳极与阴极之间并联电容保护。电容两端电压不会突变，所以能吸收浪涌电压，为了防止电容与硅整流二极管组成的回路引起振荡而产生瞬间剧增电流，需串入换相电阻。在大功率的整流器中，换相保护的电容一般采用油浸式或金属膜电容。虽然电解电容也有保护作用，但因其电解液有可能干枯而导致开路或短路，为保证供电的可靠性，一般不选用电解电容。

4. 二极管快速熔断器过流保护

快速熔断器用来切断内部短路电流或内、外部短路电流，使硅整流二极管得到保护。快速熔断器具有特殊的性能，且体积小、功耗低，并具有较大的断路容量，在切断短路电流过程中，具有快速限流的作用，在短路电流尚未上升到最大值前，就可被它切断，并且不会发生具有危险性的过电压，其工作原理如图 5-8 所示。

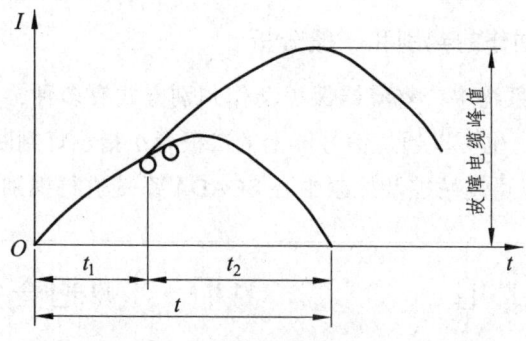

图 5-8 快速熔断器的工作原理

快速熔断器利用金属导体作为熔体串接在每个整流二极管支路中。整流机组在运行中，若整流元件反向击穿，则巨大的故障电流流过快速熔断器，使其迅速熔断，作为报警用的副熔丝也随即熔断，其熔断指示杆弹出，推动微动开关常开触点闭合，接通报警回路，提醒值班人员检查处理。当一个桥臂内只有一个快速熔断器的熔丝熔断或不同桥臂内各只有一个快速熔断器熔丝熔断时，发出报警信号；当一个臂内有超出一个熔丝熔断时，发出跳闸信号，使整流变压器高压侧（交流侧）断路器分闸，将整流变压器隔离开，当故障排除后，自动重合闸将继续运行。

对于大功率整流机组，由于在整流臂各并联支路内串接快速熔断器作为故障支路的隔离器件，当整流器过电流或过电压击穿瞬间，快速熔断器即熔断，把故障电流切除，保证了其他支路整流元件的正常工作。它既可起短路保护的作用，也可进行过载保护。

5. 逆流保护

当某个整流二极管失去反向截止功能，也就是造成整流器交流进线相间短路时，将发生整流器内部短路。此时逆流保护能够发出跳闸信号或熔断器熔断指示信号。该逆流保护是由串联在整流桥臂上的穿心式逆流电流互感器和一个逆流保护单元组成的。当整流桥臂内的某一个二极管被反向击穿时，在故障二极管支路的熔断器开始熔断的弧前时间和燃弧时间内，将有故障电流流经这个桥臂，而接在逆流电流互感器二次侧的逆流保护单元就会发出信号，这个输出信号就是熔断器熔断指示信号或者断路器跳闸信号。

6. 温度保护

在整流器预测温度最高的元件散热器或铜母排上设置温度传感器元件，用于监视元件散热器或铜母排的温度，设置温度一段报警、二段跳闸，并可发出当地及远方信号。

5.3.4 牵引整流机组保护动作的判别和一般分析

1. 整流器保护动作的判别和一般分析

在城轨牵引供电系统中，整流器保护动作判别方式有多种，可以通过负极柜面板上的信号指示器观察，也可以通过信号屏上的二极管小指示灯判断或通过 PLC 模块上的指示灯判断，还可以通过站控及控制中心 SCADA 系统进行识别判断，如图 5-9 所示。

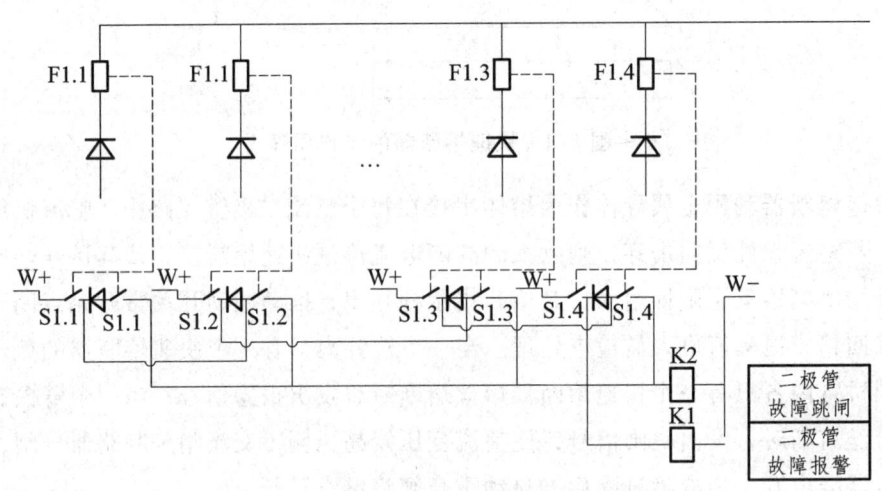

图 5-9 二极管监视报警跳闸原理图

已建设的线路中，由于设备自动化水平的提高，设备故障有了更好的人机界面提示，用户可以直接通过操作人机界面获知相应的故障信息。如出现二极管故障报警，则表示有一只快速熔断器熔断，跳闸则表示有两只快速熔断器熔断。如果散热器发出报警信号，则表示散热器温度已达到 140 °C，如果继续上升到 150 °C，该保护类型将会动作并发出跳闸信号，使相应的整流变 35 kV 开关跳闸。而母排超温报警则表示母排温度达到 80 °C，如果继续上升到 90 °C，则发出母排超温跳闸信号，使相应的整流变 35 kV 开关跳闸，如图 5-10 所示。

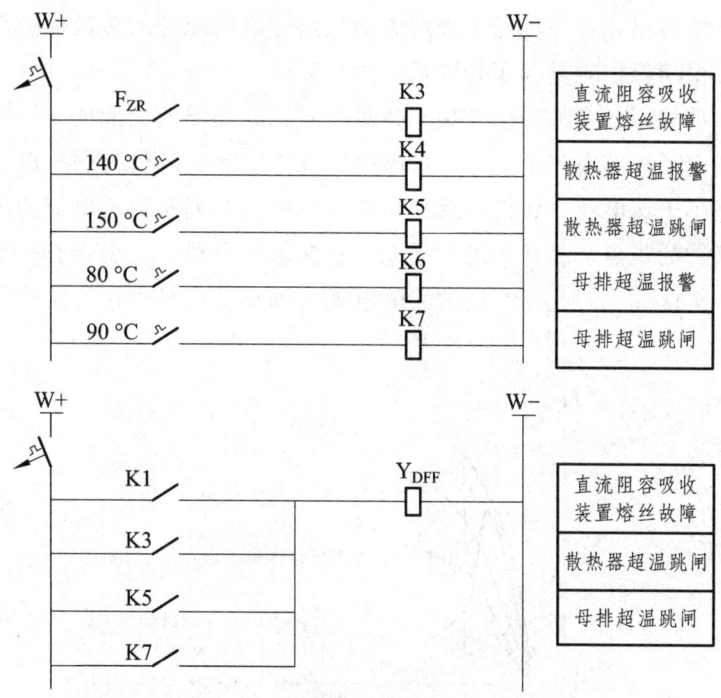

图 5-10 整流器组报警跳闸原理图

2. 整流变压器保护动作的判别和一般分析

整流变压器保护动作的识别，可通过信号系统加以判断。在城轨供电系统牵引变电所中，整流变压器一般都装设有先进的微机保护装置，因此很容易从继电器面板上的指示灯观察出保护的动作类型，或者从站内的信号系统及控制中心 SCADA 系统中读取故障的状态或记录。

一般情况下，速断保护动作表明变压器引线或内部有短路故障，定时限过电流保护动作说明变压器二次侧可能存在短路故障，反时限过流保护主要用作变压器的过载保护，其启动电流值比速断保护和定时限过流保护要低，但动作时间长。因此，如果反时限过流保护动作，则变压器存在过载，需分析情况减轻负载，而零序保护动作则说明保护范围内可能有接地故障。温度保护的作用是当变压器温度升高到设定的温度值后，系统将会报警或跳闸。在实际运行中，应区分是实际的变压器温升还是温控仪工作不稳定而引发的保护误动，从而采取快速有效的排故措施，减少系统停电时间。

总之，在整流变压器出现保护动作的情况下，应根据设备运行规律综合判断，科学处理。

5.4 直流保护

牵引变电所内的直流系统的故障形式主要有：短路故障，过负荷故障，过压故障等等，最常见的也是危害最大的是短路故障。从本质上讲，短路故障有两种类型，一种是正极对负极短路，另一种是正极对大地短路。所内配置的多数保护都是为了切除前一种故障，框架保护则是为了切除后一种故障。

对于前一种故障，多数是由于架空接触网对钢轨短路所引起的，短路点离牵引变电所的距离决定了短路电流的大小。远端短路故障电流的峰值与列车启动时的电流峰值相近，甚至小于该电流，所以，远端短路故障电流与列车启动电流的区分，是牵引变电所直流保护的难点。另外，列车受电弓过接触网分段时，也会有一个峰值较高的电流出现。图 5-11 是典型的近、远端故障电流与列车受电弓过接触网分段时的电流时间特性示意图。

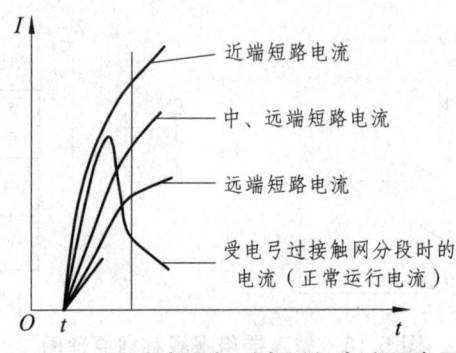

图 5-11　短路电流与列车运行电流示意图

5.4.1　大电流脱扣保护

大电流脱扣保护是一种直流断路器本身装设的基于电流幅值的保护。它采用电磁脱扣原理，是接触网近端短路故障的主保护。

如瑞士 Secheron（赛雪龙）公司的直流断路器，在其内设有一个跳闸装置（由一个钢片层压的固定引铁和一个可移动引铁组成），可移动引铁与一弹簧微调螺钉相连接，用于调节跳闸动作值，另外还有一个动铁心用于触发跳闸。在过流（短路或过载）的情况下，主回路中的绕组在固定引铁内产生一个磁场，动铁心受这个磁场的作用，通过一个杠杆推动棘爪，从而释放动触头，使断路器跳闸。一旦过流引起跳闸，合闸装置应通过一个跳闸命令"OFF"来复位。

对应于不同型号的直流断路器，过流跳闸电流整定范围为：6～12 kA 或 9～15 kA 或 12～18 kA。

大电流脱扣保护应躲过机车正常启动时的最大电流。跳闸动作值可以通过改变磁路的位置，也就是空气气隙的大小而改变。

当直流短路电流上升率达到 5×10^6 A/s 时,直流快速断路器跳闸动作固有时间仅为 2~3 ms,一旦检测到瞬时电流超过动作电流时,立即跳闸。所以大电流脱扣保护非常灵敏,尤其电流上升非常快的近端短路,往往先于电流上升率及电流增量保护动作。

大电流脱扣保护的整定首先按躲过馈线最大负荷电流计算整定初值,为保证选择性,还应与相邻供电区间近端短路时的保护配合,防止越区跳闸。同一供电臂两侧的馈线大电流脱扣保护定值相同,取同时满足以上几个条件的最大值作为馈线的大电流脱扣保护定值。

整定值 I_{set} 的计算为:

$$I_{set} = K_{rel} \cdot I_{k\min} \tag{5.2}$$

式中,$I_{k\min}$ 为被保护线路短路电流的最小值;K_{rel} 为可靠系数,取 1.5 左右。

5.4.2 DDL 保护

我国早期的城市轨道交通直流牵引供电系统,通常采用大电流脱扣和过电流保护相互配合实现对牵引网的保护,如早期的北京城市轨道交通、天津城市轨道交通等。大电流脱扣属于断路器本体装置,短路点距变电所越近,短路电流的上升率越大,电磁脱扣跳闸时间也越短,因而大电流脱扣主要用于近端短路保护。而对于短路点在远端的情况下,由于短路电流相对较小,大电流脱扣时间也较长,甚至不能有效保护,过电流保护虽能有效地保护到线路的末端,但其延时较长,保护速动性有所降低。

随着近几年我国城市轨道交通的迅速发展,一种反应电流变化趋势的保护,即 DDL 保护,又称电流变化率(di/dt)和电流增量(ΔI)保护,逐渐成为直流牵引网末端短路的主保护。

DDL 保护既能切除近端短路电流,也能切除大电流脱扣保护不能切除的故障电流较小的远端短路故障,既避免了单独的电流变化率 di/dt 保护受干扰而误动,又克服了电流增量 ΔI 保护存在拒动现象的缺点。它可以避免对绝对电流的检测,且能有效区分机车启动电流和短路电流,DDL 保护逐渐成为城市轨道交通直流馈线保护的主保护。

当保护装置安装点附近发生短路故障时,装置检测到的电流上升率将会很大,因此可利用电流的上升量 ΔI 作为判据,在短路电流未达到它的最大峰值以前判断出故障并跳闸,从而更加有效地保护整个供电系统和列车的安全运行。当短路故障发生在远离保护装置安装处时,装置检测到的短路电流将会很小,ΔI 保护将不再适用,可采用 di/dt 保护。

在直流牵引供电系统中,电流变化率 di/dt 和电流增量 ΔI 这两种保护是通过专用的保护继电器实现的。图 5-12 所示为 DDL 保护原理图。直流馈线电流的测量是通过分流器 R_1 和变送器 U_1 来实现的。电流在分流器 R_2 上的压降通过变送器 U_1 隔离、放大后,转换成标准信号,进入保护单元。直流牵引的正常电流与故障电流在特征上有比较明显的区别。例如，假设列车的最大工作电流为 4 kA，列车启动电流从零增长到最大值需要 8 s，那么一列列车正常的启动电流上升率仅为 0.5 kA/s，而故障电流的上升率可达到单列列车启动电流的几十甚至上百倍。电流变化率 di/dt 和电流增量 ΔI 保护就是根据故障电流和正常工作电流在上升率这一特征上的不同来实现保护功能的。

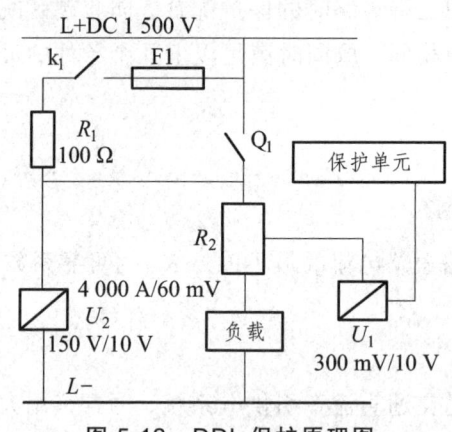

图 5-12 DDL 保护原理图

1. DDL 保护参数的整定原则

DDL 保护的整定参数有 6 个，分别是保护装置起始门限 E、保护装置复位门限 F（$E>F$）、最大电流增量 ΔI_{max}、最大电流增量延时 $t_{\Delta Imax}$、最小电流增量 ΔI_{min}、最小电流增量延时 $t_{\Delta Imin}$。其整定原则为：

（1）启动值 E 的数值应该大于机车启动和接触网过分段冲击所产生的最大电流变化率；返回值 F 的数值应该小于远端短路电流的初始电流上升率。

（2）$t_{\Delta Imax}$ 的数值应该大于启动电流和列车通过接触网分段时冲击电流的最大值；当达到延时时间 T 后，ΔI_{min} 数值应该大于远端短路电流的电流增量。

（3）延时跳闸的延时时间 T 的数值应该大于列车启动时间的最大值。同时考虑到通过接触网分段时列车内的滤波器有一个充电过程，所以 T 的设定也要保证大于半个列车谐振周期及误差值。

2. 电流变化率 di/dt 保护原理

电流上升率保护触发的条件是唯一的，即电流的变化率 $di/dt>A$（A 是电流上升率的定值）。满足触发条件 $di/dt>A$ 时，电流上升率保护启动（该时刻记为 t）。该保护启动后，产生跳闸的条件只要在以下两个条件中满足任意一个即可：

（1）经过时间 T_1 后，di/dt 仍然大于 B。

（2）经过时间 T_2 后，$\Delta I>L$，$\Delta I = I_t + T_2 - I_t$。

如图 5-11，在 t 时刻，列车受电弓过接触网分段后重新与接触网连接，此时电流的绝对数值 I_t 较小，而 di/dt 由于充电效应则较大，短路电流和列车运行电流均可满足启动条件。但经过适当的延时后，对于列车运行电流来讲，由于充电效应维持的时间很短，电流已经经过了一个从很小到数倍于正常电流，再到正常电流的过程，此时，di/dt 通常是负值，ΔI 也很小，所以出发跳闸的条件一个也不满足，电流上升率保护返回。对于短路电流来讲，此时，短路仍然存在，只要距离不是非常远，通常一定满足条件 1 和 2，致使保护跳闸。

单列列车 t 时刻启动时，可能 $di/dt > A$，保护启动，但经过时间 T_1 后，$di/dt < B$，$\Delta I < L$，保护自动返回。

值得注意的是，定值 T_1、T_2、A、B、L 的选取非常重要，它决定了保护动作的正确性和快速性。

3. 电流增量 ΔI 保护

当电流上升率高于 DDL 保护设定的电流上升率 E 时，在 di/dt 保护启动的同时，ΔI 保护也启动进入保护延时阶段。保护装置不断地连续检测馈线电流及其电流变化率 di/dt，并将 di/dt 与设定值 E 和 F 比较，若 $di/dt > E$，则开始测量电流增量 ΔI 和时间 t：当 $\Delta I > \Delta I_{max}$ 设定值时，则经过一段时间 $t_{\Delta Imax}$ 延时后，ΔI 保护出口并使开关跳闸；当 $t > T$ 设定值，且 $\Delta I > \Delta I_{min}$ 设定值时，则 di/dt 保护出口并使开关跳闸。如果在检测到 $t_{\Delta Imax}$ 设定值或 t 前，$di/dt < F$ 并保持 $t_{\Delta Imax}$ 时间，则测量值 ΔI 和 t 归零，DDL 保护返回。

5.4.3 定时限过电流保护

作为电流上升率保护的后备保护，通常该保护的电流整定值 I_{max} 较小，其启动时不需躲过机车启动最大电流，而是靠延时来区分故障电流和机车启动电流，一般按馈线最大负荷电流考虑，以达到切除远端短路故障的目的，其动作延时时间 T 也较长，以避开列车启动的时间，广州地铁 2 号线牵引供电系统中该保护设计的电流整定值 I_{max} 为 3 000 A，延时时间 T 为 30 s。

当电流第一次超过定值时，保护启动，在延时的时间段内电流一直超过定值，可认为是短路电流，触发跳闸，如果中间任一时刻电流没有超过定值，保护自动返回，等待下次启动。

定时限过电流保护的整定电流的设定分为正反方向的 I_{max+} 值和 I_{max-} 值，正向定时限过电流保护仅用于检测馈出方向电流，如果超出整定值，则保护装置触发断路器跳闸，测量值每 10 ms 更新一次。反向定时限过电流保护仅检测馈出的反方向电流，当机车处于再生状态或当地牵引变电所整机组退出运行，直流馈线用于直流越区供电回路，如果线路发生故障，则会有反向电流通过直流馈线断路器，反向过电流保护用于检测并切除该故障。

5.4.4 接触网过热保护

接触网过热保护作为电流上升率保护的辅助保护,对断路器、供电线路(电缆、接触网)等提供热过载保护,其保护的目的是消除热过负荷故障,而非短路故障。当直流线路处于过负荷状态时,即使没有任何短路故障发生,接触线或进线电缆的温度也会上升,当热过载电流流过时,该电流虽不会引起巨大的破坏,但此电流持续时间长了,其产生的热量会超过某些薄弱设备所允许的发热量,从而可能导致供电导体,尤其是接触网变软,引起这些设备不同程度的损坏。

其工作原理主要是根据接触网的电阻,接触网上流过的电流,计算出接触网的发热量,从而再根据接触网的热负荷特性及环境条件推算出接触网的电缆温度。当测量的电缆温度超过 T_{alarm} 时给出报警,超过 T_{trip} 则跳开给该接触网供电的直流开关。开关跳开后,电缆逐渐冷却,当温度进一步下降,低于 $T_{reclosure}$ 时,则重新合上直流开关。图 5-13 给出了接触网过热保护动作的时序图。

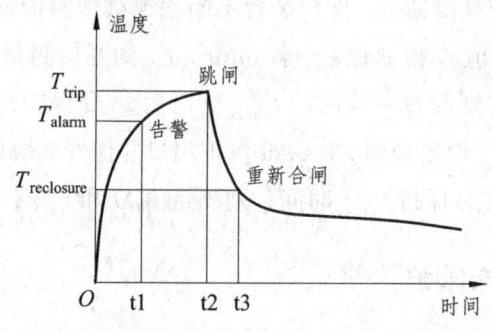

图 5-13 接触网过热保护动作时序图

在直流馈线断路器柜靠接触网方向(断路器的下端头)的一侧设置了一个分流器(R_1,4 000 A/60 mV)。当电流流经 R_1 时,会在 R_1 上产生一个很小的电压,该电压经过一个电压变送器(U_2,±150 MV/0 – 5 – 10 V)放大后输入到 S5-95 可编程控制器进行处理。而在 S5-95 可编程控制器的内部程序中储存了许多不同大小的电流值,对应不同的电流值有不同的跳闸延时,这许多值组成了一条跳闸特性曲线,该曲线实际上是一条反时限特性曲线,电流值越大,延时越短。S5-95 把接收到的实际电流值与储存值进行比较,如果该电流值已经超过程序内部的整定值,则 S5-95 判断为故障,对设备正常运行有影响,经过延时后发出分闸指令,使断路器跳闸,切断故障点。

5.4.5 低压保护

低压保护也称为欠压保护,当接触线的电压低于某一定值时,经延时后电压仍未达到正常值,保护装置要发出跳闸命令,其保护原理如图 5-14 所示。其作用和定时限过流保护一样,作为电流上升率保护的后备保护,一般与其他保护形式互相配合,不作为单独的保护使断路器跳闸。它的整定值 U_{min} 及延时时间 t 必须与列车正常运行时的运行情况互相配合，应考虑最大负载下列车的启动电流和启动持续时间，还要考虑在一个供电区内多部列车连续启动的情况。

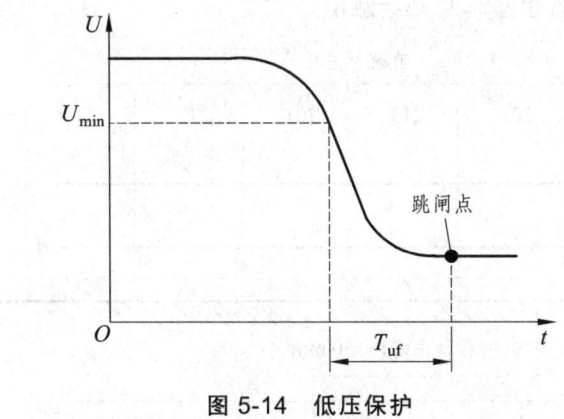

图 5-14　低压保护

当发生短路故障时，直流输出电压迅速下降很多，当输出电压<U_{min} 时，保护启动，在一定的延时时内输出电压一直保持小于 U_{min}，则低电压保护发出动作信号，使断路器跳闸。

5.4.6　框架泄漏保护

1. 变电所接地系统

为了保证设备和人身的安全，各个城市轨道交通车站均设置一个综合接地装置，架空地线和各车站接地装置通过接地扁钢和电缆金属铠装等接在一起而形成城市轨道交通全线统一接触网。在一个变电所内，所有设备的接地均接于变电所综合接地装置上。

直流牵引供电系统的接触网为正极，走行轨为负极。如果负极接地，则牵引负荷的回流除了由走行轨返回，还可以从地返回，但这样会使杂散电流增大。当杂散电流流出金属体时，会对金属产生电化学腐蚀，为了保护设备金属体和建筑结构钢筋的安全，必须减少杂散电流进入城市轨道交通主体结构、设备及与其相关的设施。

因此，城市轨道交通直流供电系统设计为不接地系统，直流设备采用绝缘安装，钢轨通过绝缘垫与地绝缘，故正常情况下钢轨对地之间存在着阻值很大的泄漏电阻。直流开关柜柜体对地采用绝缘安装，柜体以保护接地扁钢实现互联，通过 $1 \times 150 \text{ mm}^2$ 的接地电缆和框架泄漏保护的电流元件接地，如图 5-15 所示。

如果发生正极接地（或正极与接地的柜体之间绝缘下降），在牵引变电所中，可能将故障扩大为 1 500 V 正极通过设备外壳对负极间的短路事故，短路电流达到几十千安，可造成工作人员触电事故。而在城市轨道交通车站，在钢轨电位限制器 GDX 不动作并且负极对地有一定绝缘电阻的情况下，虽然对车辆运行并不影响，但是对车辆停靠站上下的旅客来说有严重的人身威胁。这是因为车身外壳是负极，上下车旅客脚站在带正极的地，若手碰车身则会触电。

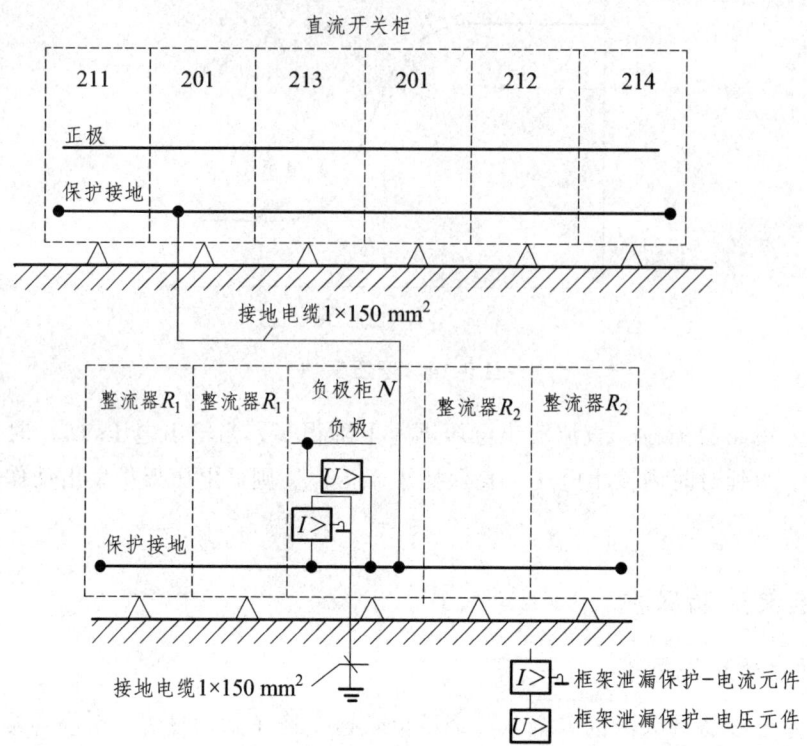

图 5-15 框架泄漏保护装置安装示意图

2. 框架泄漏保护

框架泄漏保护是实时监视对地绝缘的直流供电设备正极与单点接地的柜体之间的绝缘状况，在其绝缘严重下降甚至短路时作用于与之相关的直流断路器使之全部跳闸的一种保护设备。框架泄漏保护适用于直流设备的正极对机柜外壳（与大地相连）或接触网对架空地线短路时的情况。

如图 5-16 所示，在正常无短路状态下，钢轨（负极）与地的绝缘良好，几乎没有漏电流通过 A 点。当故障 f1 发生时，即直流设备的正极对机柜外壳短路时，故障电流 I_{f1} 由正极通过 A 点，经泄漏电阻 R_1 回流至负极，框架保护检测位于 A 点的机柜外壳对地的漏电流 I_{f1}，超过整定值则迅速动作。通常，在地和负极之间还安装一个排流柜，当排流柜投入运行时，其等效电阻值远小于 R_1，I_{f1} 大大增加，这样，即使钢轨（负极）与地的绝缘非常良好，泄漏电阻 R_1 非常大，由于排流柜提供了漏电流 I_{f1} 的通道，大大提高了框架保护动作的灵敏性。

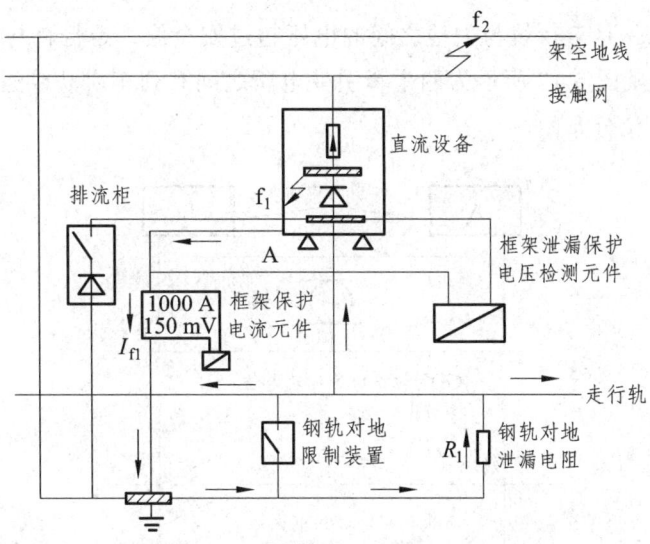

图 5-16 正极对地短路故障示意图

当故障 f2 发生时，即接触网与架空地线发生短路时，由于 A 点离故障点较远，故漏电流较小，检测 A 点漏电流不能检出故障，此时框架保护检测外壳和负极之间的电位差。在正常无短路状态下，外壳和负极之间的电位差很小，故障 f2 发生时电位差迅速变得很大，框架保护可以迅速动作。而对于正极对机柜外壳短路的情况，若未投入排流柜，钢轨（负极）与地的绝缘亦很好，漏电流可能不足以启动框架保护，但电压检测元件则可使之迅速动作。

通常，电流检测元件作为框架保护的主保护，电压检测元件作为后备保护。

框架保护动作的结果是：迅速跳开本站内所有的直流开关、交流侧进线开关及邻所向本区段供电的直流开关，并需由人工复归后方可重新合上开关。

在框架泄漏保护中，电压监视元件作为报警、跳闸信号，与钢轨电位限制装置存在一个配合的问题。通常设置为：报警 95 V，1 500 ms 动作；跳闸 150 V，900 ms 动作。

5.4.7 钢轨电位限制装置

1. 钢轨对地电位分布

正常情况下，牵引直流供电系统中钢轨对地电位一般为零，当供电区域有车辆运行或发生接触网短路故障时，由于钢轨对地泄漏电阻的存在，钢轨对地电位快速升高。有时钢轨对地电位较高，甚至超过安全电压。又由于列车车体与走行轨可靠接触，当列车停靠车站站台时，列车与站台（可视为大地）之间的电位差将会很大，如果超过允许范围（德国 DIN 标准规定为 90 V 以下，我国国家标准 GB/T10411—2005 规定：在最大负载时，钢轨上任意一点对地电位差应不大于 60 V），将危及乘客的人身安全。因此在钢轨与保护地之间安装了钢轨电位限制装置，其功能是不断检测钢轨与保护地之间的电位差,一旦走行轨与大地之间的电压超过安全值,走行轨与对地自动短路,使危险电压消失。图 5-17 所示为两个牵引变电所之间有列车启动或运行时,钢轨(走行轨)的对地电位分布图。

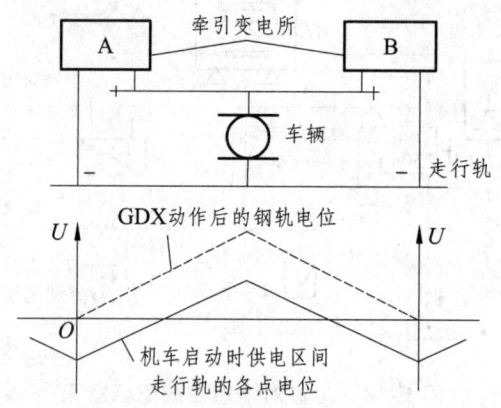

图 5-17 钢轨对地电位分布图

2. 钢轨对地电位升高的原因

正常运行状态下,供电区段内列车运行时,钢轨中流过牵引负荷电流,造成钢轨对地电位的升高(正值或负值)。钢轨对地电位的大小,主要与线路上机车的数量、负荷电流、牵引变电所间距、钢轨对地间的过渡电阻等因素相关。

当发生以下故障时,引起钢轨对地电位的陡升。

(1) 接触网与钢轨发生短接。

(2) 接触网对架空地线(地)发生短路故障。

(3) 直流设备发生框架泄漏故障。

(4) 牵引变电所整流变压器二次侧交流系统发生单相接地短路。直流系统发生故障时,必须在短时间内切除故障或降低钢轨对地电位,以保证设备及人身安全。

3. 钢轨电位限制装置

钢轨电位限制装置又称为过电压保护装置(over-voltage protection device,OVPD),主要由晶闸管、接触器、避雷器、电压探测装置、电流探测装置、控制单元、指示回路、电源回路和动作计数单元等构成。该装置与大地和车站之间的关系如图 5-18 所示。

钢轨电位限制装置原理图如图 5-19 所示电路,由电压探测装置来读取轨道和大地之间的电压值。当电压值≥120 V 时,要求装置速动,由装置的控制单元给出触发指令,晶闸管"快"启动,把轨道和大地连接在一起,确保轨道的"零"电位,同时给接触器提供一个动作指令,接触器"慢"启动,由接触器的接点(MC)来短接轨道和主地网,以避免由于晶闸管长期接通大电流而造成损坏;当装置电压值大于或等于

70 V 但小于 120 V 时，由装置延时启动接触器，整定时间 5 s，从而确保轨道的"零"电位。当流过直流分流器（DCCT）的电流值小于 50 A 时，装置复位。

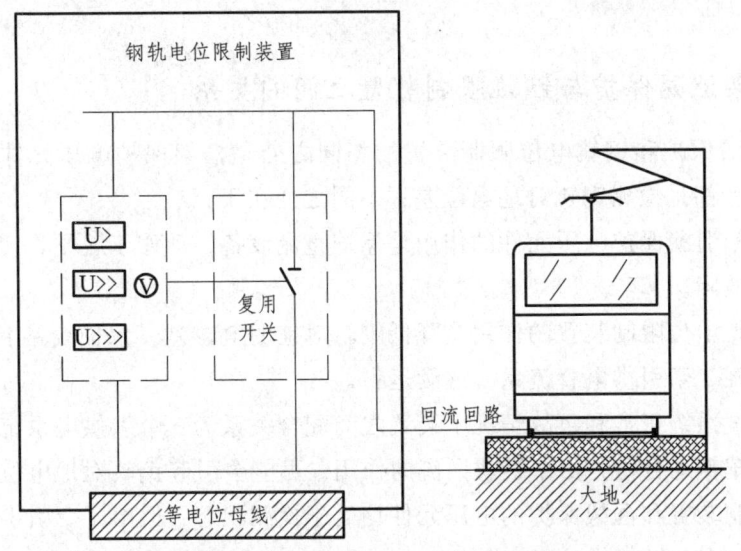

图 5-18　钢轨电位限制装置关系图

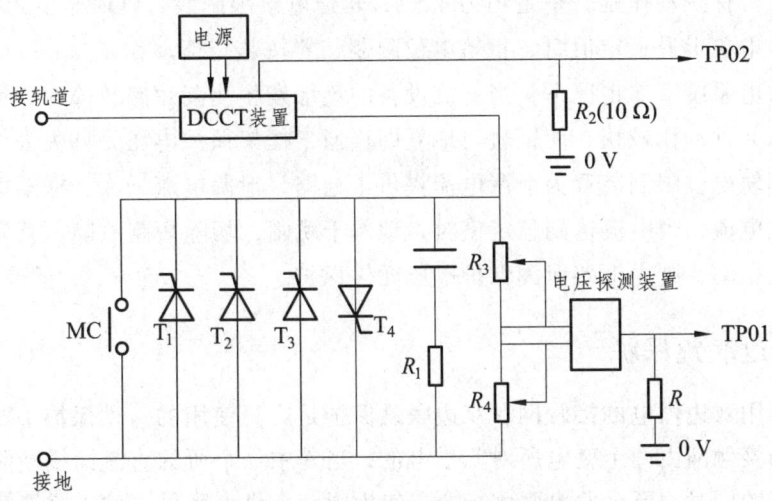

图 5-19　钢轨电位限制装置原理图

图中晶闸管的作用是当电压≥120 V 时，由装置给它发出触发指令，使其瞬时动作，一个反向，三个正向，以保证当轨道和大地之间的电压≥120 V 时，反向晶闸管动作；当轨道和大地之间的电压≤ -120 V 时，正向晶闸管动作。晶闸管一个反向、三个正向的连接方式是根据过电压保护装置运营状况和接点容量确定的。电流信号通过 DDCT 的两次侧电流流入 TP02，通过 TP02 和 0 V 之间接入的 10 Ω（R_2）电阻将电流量转化为电压量，在 TP02 点引入逻辑回路中，由逻辑回路判断后给出动作指令；电压信号分别通过 R_3 和 R_4 将高电压量转换成低电压量，R_3 和 R_4 是 15 kΩ 的可调电阻，

R_3 检测轨道和大地之间的电压为负时的电压量；R_4 检测在轨道和大地之间电压为正电时的电量，所探测到的电压量在 TP01 点引入逻辑回路中，经逻辑回路判断后出动作指令。

5.4.8 框架泄漏保护与钢轨限制装置之间的关系

框架泄漏保护和钢轨电位限制装置的相同之处是框架保护电压元件与钢轨电位限制装置两者都是检测钢轨对地电位差；不同之处在于：

（1）框架泄漏保护电压元件的作用是保护直流设备，动作于跳闸，切除直流绝缘泄漏或短路故障。

（2）钢轨电位限制装置的作用是降低钢轨对地的电位差，保护线路上人身安全，不动作于跳闸，牵引供电直流系统继续运行。

牵引供电系统正常和事故情况下装置之间配合关系为：牵引供电系统在正常运行情况下，当车辆运行时，由于钢轨回流的作用，可能会引起钢轨对地电位升高。此时钢轨电位限制装置和框架保护的电压元件均处于检测状态，但由于牵引供电直流系统是正常运行情况，框架保护不应动作，其动作时间应长于钢轨电位限制装置的动作时间（框架故障保护动作延时整定约为 1.5 s，轨道电位限制装置延时整定约为 0.8 s）。当钢轨对地电位上升一定值时，钢轨电位限制装置按整定值动作。

牵引供电系统事故情况下，当直流设备的绝缘发生泄漏短路故障时，钢轨电位限制装置电压元件动作较快，使钢轨与地立即连通，框架保护电压元件失去作用，但由于动作后钢轨电位限制装置为泄漏电流提供了通路，泄漏电流增大，框架保护电流元件检测到大电流，当电流达到整定值时，动作于跳闸，切除短路故障。若发生钢轨电位限制装置拒动，则由框架泄漏保护电压元件保护。

5.4.9 双边联跳保护

对于采用双边供电的接触网，双边联跳保护是广泛使用的一种保护手段，在一个供电区内的接触网由两个变电所对其供电的，当其中一个所的直流馈线断路器因为某些保护跳闸的同时，还会发出联跳指令，使为同一个供电区供电的直流馈线断路器都跳闸。

它能切除故障电流特别小的远端短路故障，跳闸命令是由感知到较大近端短路故障电流的相邻站发出的。只要给一段接触网供电的两个牵引站有一个正确跳闸，另一个立刻也会跳闸，因而可靠性很高，确保满足 GB50517—92《地下铁道设计规范》的第 8.2.21 条"在事故状态下接触网短路电流的保护，应保证单边供电接触网区段一条馈线的开断和双边供电接触网区段两条馈线的开断"。

当相邻两个变电所内向同一区间供电时，当发生下述两种情况时需启动双边联跳功能：

（1）此区间发生短路或过流，则相邻两个变电所内的相关馈线单元要实现双边联跳。

（2）如果一个变电所发生框架泄漏故障，则相邻变电所内的所有可能向此变电所供电的馈线柜都要被联跳，并要求被闭锁。

双边联跳保护的原理如下：

图 5-20 显示了一条接触网的两段，左边一段由牵引变电所 A 和 B（简称 A 站和 B 站，下同）供电，右边一段则由 B 站和 C 站供电，当短路点发生在靠近 A 站的 c 位置时，A 站的大电流脱扣保护首先动作，而 B 站则由于短路电流小等因素，大电流脱扣和 di/dt 等保护均无法动作，位于 A 站的双边联跳保护则发出联跳命令，将 B 站的 213 开关跳开。当 B 站退出运行时，则 B 站越区隔离开关 2133 合上，双边联跳保护根据 B 站 2133 的位置判断另一端是由 C 站 213 开关供电，跳闸的对象则为 C 站 213 开关。

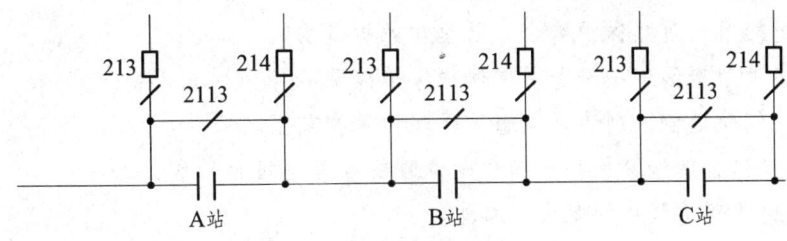

图 5-20　接触网双边供电

具体实现方式如图 5-21 所示：可在端子柜中为每台馈线柜中安装一只联跳继电器，并将同一个变电所相关馈线柜的辅助继电器接点相连即可实现联跳转换。正常供电时，此辅助继电器不动作，同一变电所内的两台馈线柜双边联跳回路不会连通。一旦该变电所退出运行，合闸越区隔离开关进行越区供电时，辅助继电器同时动作，将两台馈线柜的联跳回路连通，从而实现联跳转换。

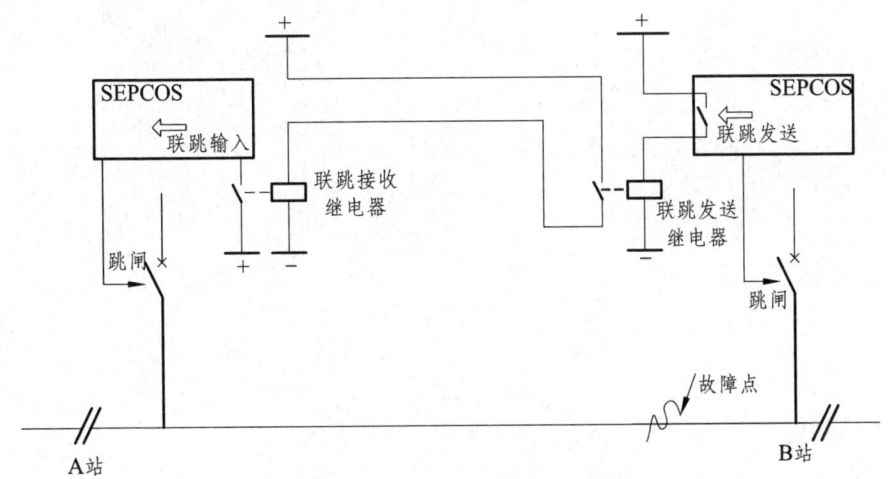

图 5-21　双边联跳示意图

设备的双边联跳特点：联跳方式为双边联跳；大双边供电时，采用越区联跳；联跳发送采用继电器接点形式，正常情况下为常开接点，故障时为常闭接点；联跳发送、接收均为 DC110 V 继电器。

复习思考题

1. 城轨牵引供电系统的供电方式有哪几种？试说明每一种的供电方式内容。
2. 简述直流开关柜继电保护的配置情况。
3. 简述整流机组继电保护的配置情况。
4. 解释整流变压器的温度保护原理。
5. 结合图 5-7 说明整流器继电保护的情况。
6. 简述 DDL 保护的概念、原理及保护范围。
7. 简述接触网过热保护概念、原理和保护范围。
8. 简述框架泄漏保护概念、原理和保护范围。
9. 简述钢轨电位限制装置概念、原理和保护范围。
10. 试说明框架泄漏保护和钢轨电位限制装置之间的关系。
11. 试说明双边联跳的概念、原理。

6 保护测控装置

6.1 微机保护

6.1.1 微机保护与传统保护对比

传统保护：使输入的电流、电压信号直接在模拟量之间进行比较和运算处理，使模拟量与装置中给定的机械量或电气量进行比较和运算处理。

微机保护：将模拟量输入的电流、电压的瞬时值变换为离散的数字量，然后才送入计算机的中央处理器，按规定的算法和程序进行运算，且将运算结果随时与给定的数字进行比较，最后做出是否跳闸的判断。

微机保护的特点与优点如图 6-1 所示。

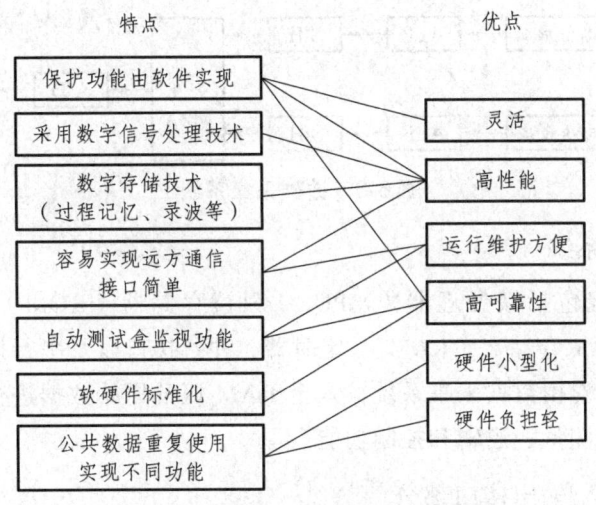

图 6-1 微机保护的特点和优点

6.1.2 微机保护硬件构成

传统的继电保护装置，都是反应模拟量的保护，保护的功能完全由硬件完成。微机保护不仅有实现保护功能的硬件，而且必须有实现保护和管理功能的软件，即程序。

微机保护的硬件主要由三个部分组成：数据采集系统、微型机主系统部分、开关量输入/输出接口部分，如图 6-2 所示。

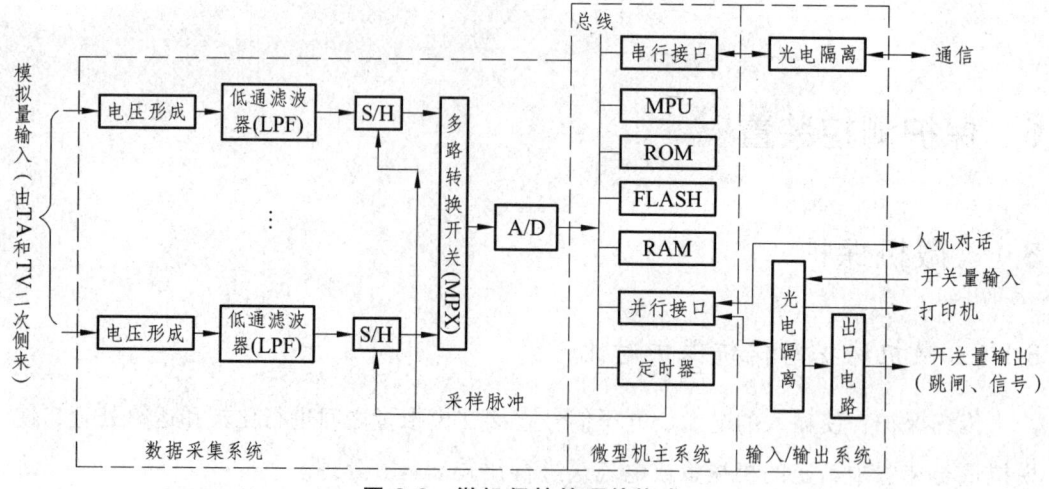

图 6-2 微机保护的硬件构成

1. 数据采集系统

数据采集系统包括电压形成、模拟滤波、采样保持（S/H）、多路转换（MPX）以及模数转换（A/D）等功能块，将模拟输入量准确地转换为微型机能够识别的数字量，结构如图 6-3 所示。

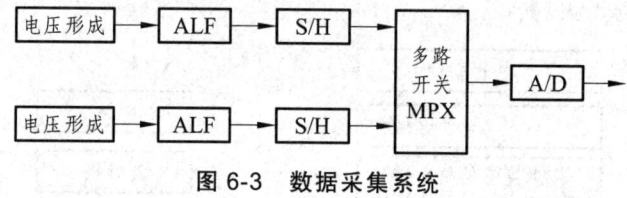

图 6-3 数据采集系统

2. 微型机主系统

微型机主系统包括微处理器（MPU）、只读存储器（ROM）或闪存内存单元（FLASH）、随机存取存储器（RAM）、定时器、并行接口以及串行接口等。微型机执行编制好的程序，对由数据采集系统输入至 RAM 区的原始数据进行分析、处理，完成各种继电保护的测量、逻辑和控制功能。

3. 开关量输入/输出接口部分

开关量输入/输出系统由微型机的并行接口（PIA 或 PIO）、光电隔离器件及有触点的中间继电器等组成，以完成各种保护的出口跳闸、信号、外部触点输入、人机对话及通信等功能。

6.1.3 数据采集系统

1. 电压形成回路

微机保护要从电流互感器和电压互感器取得信息，但这些互感器的二次侧电流或电压量不能适应模数变换器的输入范围要求,故需对它们进行变换。一般采用各种中间变换器来实现变换,例如电流变换器(TA),电压变换器(TV)和电抗变压器(TL)等,如图6-4所示。

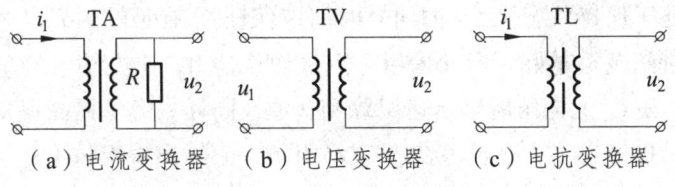

(a)电流变换器　(b)电压变换器　(c)电抗变换器

图6-4　变换器原理图

一般模数变换器要求输入信号电压为±5 V 或±10 V,由此可以决定上述各种中间变换器的变比。

交流电流的变换一般采用电流变换器,并在其二次侧并联电阻以取得所需电压(改变电阻值就可以改变输出范围的大小)。电流变换器最大的优点是:只要铁心不饱和,其二次电流及并联电阻上电压的波形就可基本保持与一次电流波形相同且同相,即可以做到不失真变换。这一点对微机保护是很重要的。因为只有在这种条件下作精确的运算与定量分析才是有意义的。但是电流变换器在非周期分量的作用下容易饱和,线性度差,动态范围也小。

电抗变换器铁心带有气隙而不易饱和,线性范围大,且具有移相作用。但它会抑制直流分量,放大高频分量,因此二次侧的电压波形在系统暂态过程时将发生畸变。至于移相作用在微机保护内可以很容易地通过软件来完成,因此移相作用意义不是很大。在微机保护中电抗变换器的使用范围并不多,但有时在暂态时需变换输入波形就要采用电抗变换器的特性,例如变压器保护等。

电压形成回路除了起电量变换作用外,还起到隔离作用。它使微机电路在电气上与强电系统相隔离,从而在较大程度上减弱了来自高压系统的电磁干扰。

2. 采样保持电路(S/H)

1)采样保持原理

S/H电路的作用是在一个极短的时间内测量模拟输入量在该时刻的瞬时值,并在模数变换器进行转换期间内保持其输出不变,它的工作原理可用图6-5来说明。

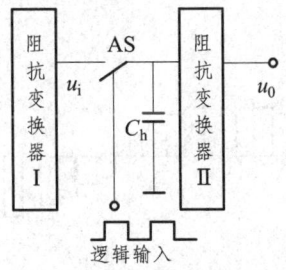

图6-5　采样保持原理图

它由一个电子模拟开关 AS，电容 C_h 及两个阻抗变换器组成。开关 AS 受逻辑输入端采样脉冲的电平控制。在高电平时 AS 闭合，此时电路处于采样状态。C_h 迅速充电到在采样时刻的电压值 u_0。在低电平时，AS 打开，电容 C_h 上保持住 AS 打开瞬间的电压，电路处于保持状态。AS 的闭合时间应保证 C_h 有足够的充电时间，即采样时间。显然采样时间越短越好，因此采用了阻抗变换器 I，它在输入端呈现高阻抗，而输出阻抗很低，使 C_h 上电压能够迅速跟踪到 u_i 值。同样，为了提高保持能力，电路中应用了另一个阻抗变换器 II，它对 C_h 呈现高阻抗，而输出端阻抗（u_o 侧）很低，以增强带负载能力。阻抗变换器可由运算放大器构成跟随器电路。

2）采样保持分析

采样保持过程如图 6-6 所示。T_C 为采样脉冲宽度，T_S 为采样周期（或称采样间隔）。当采样脉冲为高电平时，AS 接通，电容 C_h 充电值为采样信号 u_i，如图 6-6（c）所示。采样脉冲为低电平时，AS 断开，电容 C_h 处于采样保持阶段，供模数变换器输入电压，在这个保持阶段阻抗变换器输出不变。最终的输出的采样保持信号如图 6-6（d）所示。可见采样保持输出的信号已经是离散化的模拟量，再经模数转换后，就成为离散化的数字量。

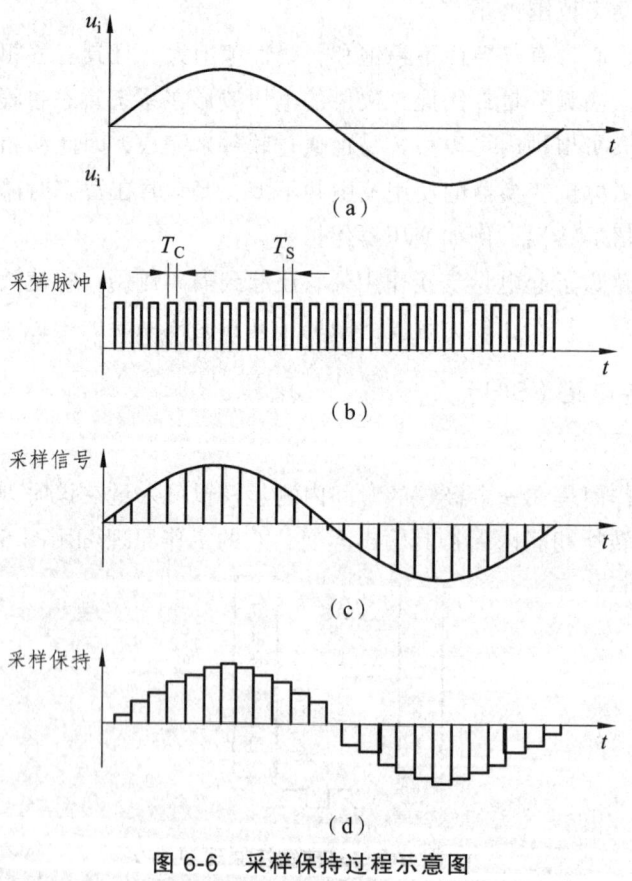

图 6-6 采样保持过程示意图

3）采样频率与采样定理

采样间隔 T_s 的倒数称为采样频率 f_s，采样频率的正确选择是微机保护硬件和软件设计中的一个关键问题，这个问题涉及采样信号是否真实反映输入的信号。

微机保护所反应的电力系统参数是经过采样离散化的数字量。那么，连续时间信号经采样离散化成为离散时间信号后是否会丢失一些信息，也就是说这离散信号能否真实地反映被采样的连续信号呢？可分析图 6-7 所示的采样频率选择的示意图加以说明。

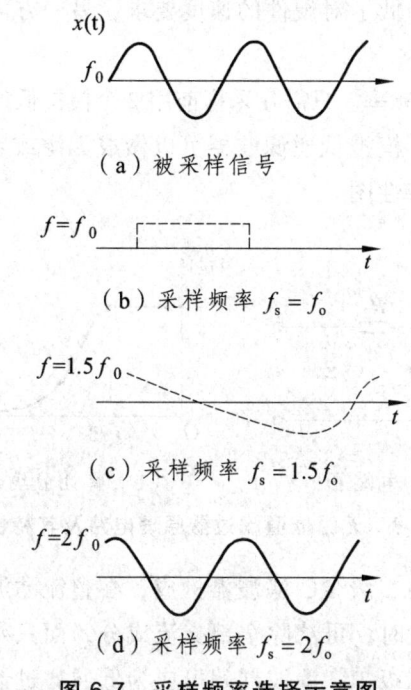

图 6-7 采样频率选择示意图

设被采样信号 $x(t)$ 的频率为 f_s，对其进行采样，若每周采一点，即 $f_s = f_o$，如图 6-7（b）所示，采样所得到的为一个直流量。若每周采 1.5 点，即 $f_s = 1.5 f_o$ 时，采样得到的是一个频率比入低的低频信号。当 $f_s = 2 f_o$ 时，采样所得波形的频率为被采样信号的频率入，见图 6-7（d）所示，这时波形仍然有失真现象。显然，若 $f_s > 2 f_o$，则采样后所得到的信号才有可能较为真实地代表输入信号 $x(t)$。也就是说，一个高于 $f_s/2$ 的频率成分在采样后将被错误地认为是一个低频信号。只有在 $f_s > 2 f_o$ 后，才可能不会出现这种失真现象。因此若要不丢失信息，完好地对输入信号采样，就必须满足 $f_s > 2 f_o$ 这一条件。总之，为了使信号采样后能够不失真地还原，采样频率必须大于信号最高频率两倍以上，这就是乃奎斯特采样定理。

举例来说，小电流接地系统检测装置，要采样的信号是 5 倍频的电流信号，即 $f_o = 5 \times 50 = 250$ Hz，采样频率至少应选 $f_s \geqslant 500$ Hz 才能保证让采样的五倍频电流信号不失真地还原。

3. 低通滤波器（ALF）

电力系统在故障的暂态期间，电压和电流含有较高的频率成分，如果要对所有的高次谐波成分均不失真地采样，那么其采样频率就要取得很高，这就对硬件速度提出很高要求，使成本增高，这是不现实的。实际上，目前大多数微机保护原理都是反映工频分量的，或者是反映某种高次谐波的（例如 5 次谐波分量），故可以在采样之前将最高信号频率分量限制在一定频带之内，即限制输入信号的最高频率，以降低输入信号的最高频率，一方面降低了对硬件的速度要求，另一方面对所需的最高频率信号的采样不至于发生失真。

要限制输入信号的最高频率。只需在采样前用 2 个模拟低通滤波器（ALF），将 $f_s/2$ 以上的频率分量滤去即可。模拟低通滤波器可以做成无源或者有源的。图 6-8 是常用的无源低通滤过器原理及特性图。

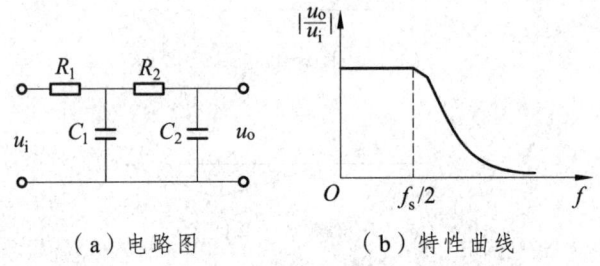

（a）电路图　　　　（b）特性曲线

图 6-8　无源低通滤过器原理电路及其特性

这种无源低通滤过器由二级 RC 滤波器构成，在整流滤波电流中，二级 RC 滤波器的 RC 时间常数选择较大时，可滤除全部交流成分，而只剩下直流成分。显然只要恰当调整 RC 时间常数，二级 RC 滤波器就可成为低通滤过器。此时截止频率可设计为 $f_s/2$，以限制输入信号的最高频率，而较其低的频率信号就能顺利地通过。

这种滤过器接线简单，但电阻与电容回路对信号有衰减作用，并会带来延迟，这对快速保护不利，仅适用于要求不高的微机保护。对于要求有较好特性又快速的保护，必须采用有源的低通滤过器。有源低通滤过器通常由上述无源滤过器加上运算放大器构成，此时电容可取较小的数值，从而加快了保护动作速度。

采用了 ALF 消除频率失真现象后，采样频率在很大程度上取决于保护原理和算法的要求，同时还要考虑硬件速度。目前绝大多数微机保护的采样间隔 T_s 都在 0.8～1.8 ms 之间，

基本上能满足硬件速度及对最高频率的不失真采样的要求。

4. 模拟量多路转换开关（MPX）

由于数模变换器接口复杂及价格昂贵，通常不宜对各路电压、电流模拟量同时采用模数转换，而是采用多路 S/H 共用一个模数变换器，中间经多路转换开关切换，按

顺序由公用的模数变换器转换成数字量。

对于反映两个量以上的继电保护（如方向、阻抗等），要求对各个模拟量同时采样，以准确地获得各个量之间的相位关系。为此，把所有采样保持器的逻辑输入端并联后由一个定时器同时供给采样脉冲，从而保证了同时采样和依次模数变换的要求。由于保护装置所需同时采样的电流和电压模拟量不会很多，只要模数变换器的转换速度足够高，在一个采样周期的保持时间内上述各种模拟量依次模数变换的要求是能够满足的。

16 路多路转换开关如图 6-9 所示。输入模拟量通道：A1~A16；输出模拟量通道：输出；控制由四个路数选择线（A0~A3）来控制。

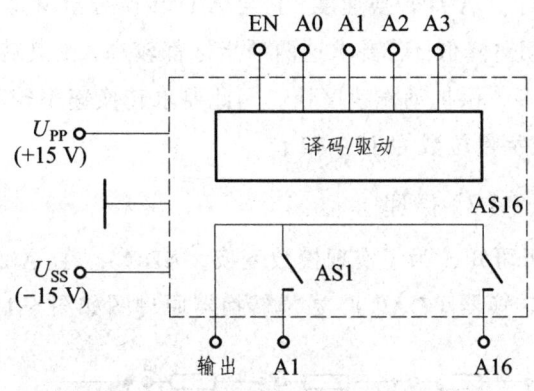

图 6-9　多路转换开关原理图

这里的多路开关路数选择线切换受微机控制。它把多个输入模拟量通道按顺序赋予不同的二进制地址，在微机输出地址信号后，MPX 通过译码电路选通相应地址时，对应于 S/H 的通道开关（AS1~AS16）也就接通。

5. 模数变换（A/D）

1）模数变换器（ADC）原理

微机保护用的模数变换器绝大多数是应用逐次逼近法的原理实现的，如图 6-10 所示。为了简单起见，直接举例说明如下：转换开始时，控制器首先在数码设定器中设置一个最高位数码"1"，该数码经 D/A 数模变换为模拟电压 u_o，反馈到输入侧的比较器一端，与输入电压 u_i 相比较。如果设定值 $u_o < u_i$，则保留该位原设置的数码"1"，然后由控制器在数码设定器中附加次高位设置数码"1"，形成新的数码，经 D/A 模数变换，再反馈到输入侧比较器与 u_i 比较。若设定值 $u_o > u_i$，则原设定次高位数码"1"改为"0"，然后附加下一高位设置数码"1"。重复上述的比较与设置，直到所设定的数码总值转换成反馈电压 u_o 尽可能地接近 u_i 值。若其误差小于所设定数码中可改变的最小值（最小量化单位），则此时数码设定器中的数码总值即为转换结果。

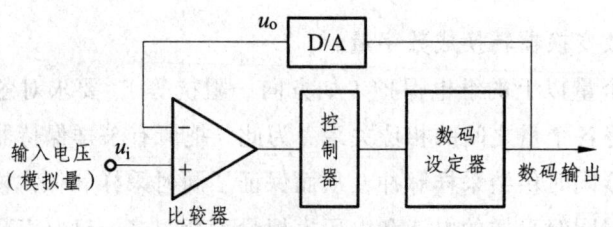

图 6-10 逐次比较适 A/D 转换原理图

逐次比较式 A/D 转换的一个重要指标是转换精度，即 A/D 转换分辨率，它主要取决于设定数码的最小量化单位，A/D 转换输出的数字量位数越多，最小量化单位越小，分辨率越高，转换出的数字量舍入误差越小，A/D 转换的精度就越高。逐次比较式 A/D 转换的另一个重要指标是 A/D 转换速度，它与 A/D 转换分辨率是有关的，通常分辨率越高，其转换速度就相对降低。若要求这两项指标都较高，则其芯片成本就十分昂贵。微机保护采样的量较多，保护动作速度快，因此要求转换速率较高。通常每次转换时间不低于 25 ps，而数字量位数为 10~12 位。

2）数模变换器（DAC）原理

由 ADC 原理分析可知，为了实现模数变换（ADC），在 A/D 变换中必须具备有用于反馈比较的数模转换器（DAC）。数模转换器原理图如图 6-11 所示。

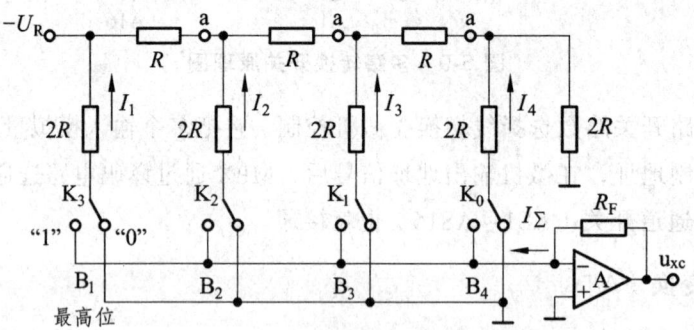

图 6-11 数模转换器（DAC）原理图

图 6-11 中带虚线框的部分是一种电阻网络电路。运算放大器 A 和电子开关 S1~S4 组成电路加法器，即流入 A 的输入电流为 I_Σ。图中电子开关 S1~S4 分别受控于输入的二进制数码 B1~B4。其数码就是数码设定器的输出。当 B1~B4 某位为 "0" 时，其对应开关接地；为 "1" 时，对应开关接至运算放大器 A 的反相端。但是无论电子开关 S 接到哪一侧，其电阻网络的电流分配都是相同的，因为该运算放大器的反相端是虚地点，形同接地。

输入数字量：$D = B_1 \cdot 2^{-1} + B_2 \cdot 2^{-2} + \cdots + B_n \cdot 2^{-n}$，上图 $n = 4$。

输出模拟电压：$u_{sc} = \dfrac{U_R \cdot R_F}{R} \cdot D$，正比于输入数字量 D。

6.1.4 开关量输入/输出电路

1. 开关量输入回路

开关量：即接点状态信号，接通或断开（识别外部条件）。开关量输入回路包括断路器和隔离开关的辅助触点或跳合闸位置继电器接点输入，外部装置闭锁重合闸触点输入，轻、重瓦斯继电器接点输入，还包括装置上连接片位置输入等回路。

对微机保护装置的开关量输入，即接点状态的输入可以分为以下两类。一类是本装置上的接点，例如面板上切换开关或本装置的继电器接点；另一类是装置外部经过端子排引入装置的接点，例如断路器辅助接点。这两类接点可以分别按图 6-12（a）、（b）所示的电路输入开关量。图 6-12（a）是用本装置电源 +5 V，将本装置上的接点状态直接输入 CPU 的并行接口。图 6-12（b）是通过光隔元件输入，光敏三极管的导通和截止完全反映外部接点状态，同时必须注意外接点应外接 220 V 直流电源，以击穿外接点上形成的氧化膜，避免接触不良现象，但输入接口部分的电源应是 +5 V，而且与外电源不共地。

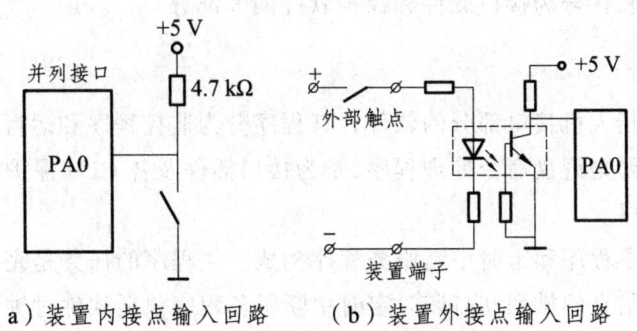

（a）装置内接点输入回路　　（b）装置外接点输入回路

图 6-12　开关量输入电路原理图

2. 开关量输出回路

开关量输出主要包括跳闸出口、重合闸出口及就地和中央信号出口等。开关量输出回路一般都采用并行输出端口来控制有接点的继电器。为了提高抗干扰能力，都要经过一级光电隔离，如图 6-13 所示。

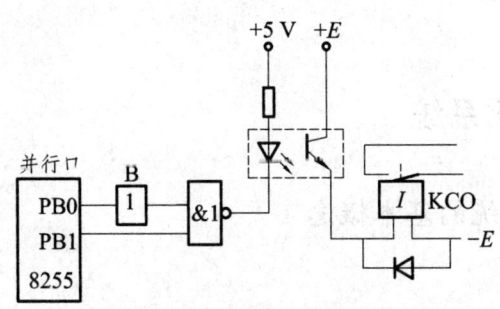

图 6-13　开关量输出回路原理

正常时，PB0输出1，PB1输出0，非门&1两个条件均不满足，输出高电平，发光二极管不亮，光敏三极管截止，出口继电器KCO不动作。

在出口跳闸时，并行扩展芯片8255的两个并行口PB0和PB1安排不同的电平输出，PB0输出"0"，PB1输出"1"，使与非门&1输出"0"，驱动发光二极管。这样的安排，可防止在拉合直流电源过程中继电器Ⅰ的短时误动。因为在拉合直流电源时，形同上电复位，PB0和PB1都是相同电平输出，不可能驱动发光二极管，从而防止了误动。

当跳闸时，程序令8255的并行PB0口输出"0"，PB1口输出"1"时，经反相器B和与非门&1电路驱动发光二极管发出光脉冲，光敏三极管随之导通，出口继电器KCO励磁。在实际保护装置中应考虑出口的闭锁，以防止保护误动作，因此光敏三极管的集电极必须经启动继电器接点接正电源，形成保护出口的闭锁回路。

6.1.5 微机保护的软件构成

微机保护的软件分为接口软件和保护软件两大部分。

1. 接口软件

接口软件是指人机接口部分的软件，其程序分为监控程序和运行程序。

监控程序主要是键盘命令处理程序，是为接口插件及各CPU保护插件进行调节和整定而设置的程序。

运行程序由主程序和定时中断服务程序构成。主程序的任务是完成巡检、键盘扫描和处理及故障信息的排列和打印。定时中断服务程序包括软件时钟程序、以硬件时钟控制并同步各CPU插件的软时钟和检测各CPU插件启动元件是否动作的检测启动程序。

2. 保护软件

保护软件包括主程序和两个中断服务程序。主程序包括初始化和自检循环模块、保护逻辑判断模块及跳闸处理模块。中断服务程序有定时采样中断服务程序和串行口通信中断服务程序。

6.2 综合自动化系统

6.2.1 电力监控系统的基本概念

1. SCADA系统

以微型计算机为主构成的远方监视控制和数据收集系统，对现场的运行设备进行监视和控制，以实现数据采集、设备控制、测量、参数调节以及各类信号报警等功能，简称远方监控系统。

2. 轨道交通电力监控 PSCADA 系统

主要由控制中心调度主站系统、各变电所内的综合自动化系统和通信网络三部分构成，主要是保证城市轨道交通供配电系统的安全正常运行，使城市轨道交通的调度、管理、运行、检修、技术等部门了解和掌握供配电设备的运行状态及设备的完好状况，并在系统出现故障时能及时分析原因，做出科学合理的判断，并制定抢修方案。

3. 电力监控系统的优越性

（1）电力监控系统利用计算机技术和通信技术，改变了传统二次系统模式，实现了信息共享，简化了系统，减少了连接电缆，减少了占地面积，降低了造价，改变了变电所的面貌。

（2）提高了变电所的自动化水平，减轻了值班人员和技术人员的工作量。

（3）先进的通信功能为各级调度提供了更多变电所的信息，以便调度中心及时掌握复杂电网及变电所的运行情况，实现对电力电能的合理调配。

（4）为无人值班管理模式提供了更好的条件，提高了劳动生产率，减少了人为误操作的可能性。

6.2.2 电力监控系统的基本结构和组成形式

1. 轨道交通电力监控系统的基本结构

城轨交通电力监控系统一般采用两级管理（车站级、控制中心级）和三级监控（控制中心、车站级、现场级）的结构。

整个电力监控自动化系统由控制中心的主站监控系统、各个变电所中的综合自动化子系统及网络通信层构成，系统结构如图 6-14 所示。

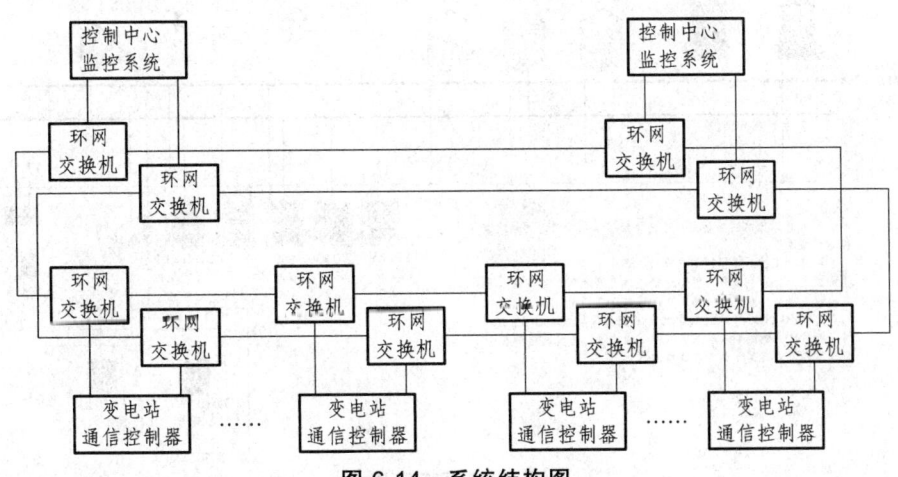

图 6-14　系统结构图

2. 控制中心的结构形式

控制中心调度主站系统主要包括 SCADA 前置机、数据库服务器、操作员工作站、报表工作站、维护工作站、网关等主要节点和打印机。

一般控制中心调度主站系统采用 100 M 以太网体系结构，网络通信协议采用 TCP/IP 协议。在正常的情况下，两个网同时工作，传送不同的系统信息。当其中一个网络发生异常和故障时，系统将全部需要传送的信息切换到另一个网络上。

6.2.3 变电所综合自动化系统的结构形式和配置

1. 变电所综合自动化系统的概念

变电站综合自动化是指利用先进的计算机技术、现代电子技术、通信技术和数字信号处理（DSP）等技术，实现对变电站主要设备和输、配电线路的自动监视、测量、控制、保护以及与调度通信等综合性自动化功能，它综合了变电所内除交直流电源以外的全部二次设备功能。

变电所综合自动化系统是利用微机保护代替常规的继电保护，改变常规继电保护装置不能与外界通信的缺陷；利用多台微机和大规模集成电路组成的自动化系统，代替常规的测量和监视仪表，代替常规控制屏、中央信号系统和远动屏；变电所综合自动化系统可以采集到比较齐全的数据和信息，利用计算机的高速计算能力和逻辑判断功能，方便地监视和控制变电所内各种设备的运行和操作。

2. 变电所综合自动化系统的结构形式

变电所综合自动化采用集中管理、分散（层）分布和集中相结合式系统结构，如图 6-15 所示。110 kV 线路和主变压器部分集中主屏于控制室内；35 kV 以下间隔的综

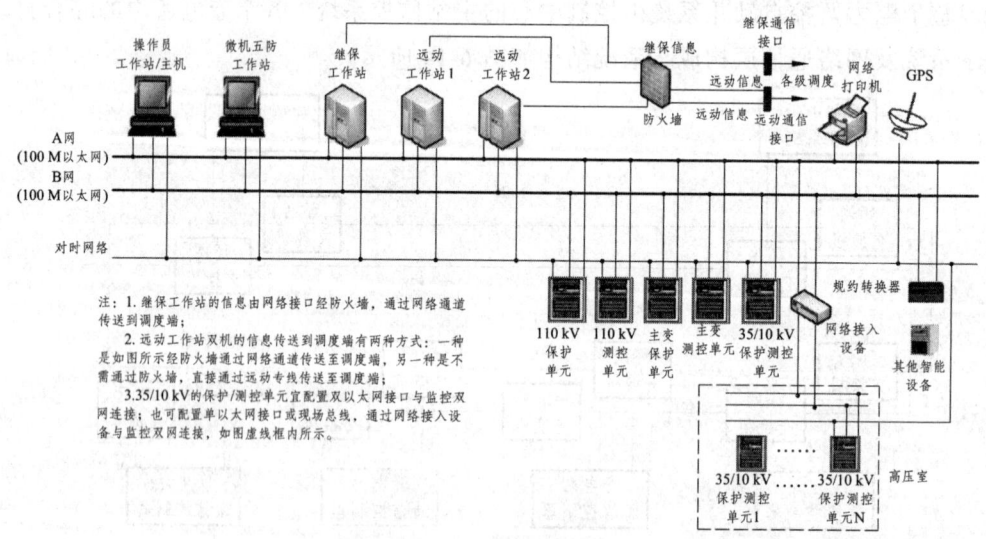

图 6-15 结构布置图

合测控保护单元,均直接安装在开关柜上;在控制室内,集中主屏(可与控制信号盘共用)对接触轨隔离开关等设备进行监控。系统分三层设置:站级管理层、网络通信层、间隔设备层。

1)分布分散式与集中相结合的结构形式

按每个电网元件(如一条馈线、一台变压器、一组电容器等)为对象,把控制、保护、测量等功能设计安装在同一个微机装置中,对于 6~35 kV 的中低压线路,可以将这个微机保护监控装置分散安装在各个开关柜上,然后通过通信网络和监控主机进行信息交换;对于高压线路或变压器等重要设备的保护监控装置仍然采用集中主屏方式安装在主控室内。这也是当前综合自动化的主要结构形式。

2)分布分散式与集中相结合的结构特点

(1)6~35 kV 的中低压线路保护监控采用分散式结构,就地安装在开关柜中,通过现场总线与主控室监控机交换信息,可以节约控制电缆。

(2)高压线路、变压器等重要设备的保护监控采用集中主屏方式,安装在主控室或保护室中,使这些设备的保护监控装置处于比较好的工作环境中,可以提高供电的可靠性。

(3)其他的自动装置,如备用电源自投装置和电压无功综合控制装置采用集中主屏方式,安装于主控室或保护室中。电能计量采用集中主屏方式,安装于主控室或保护室中。

(4)变电所站级管理层由安装于控制信号盘上的主监控单元、液晶显示器以及当地监控系统等组成,间隔层由全所 110 kV、35 kV 主要设备的全套微机测控、保护单元以及直流电源智能监控单元等组成。

6.2.4 变电站综合自动化系统的功能

1. 微机保护

对站内所有的电气设备进行保护,包括线路保护、变压器保护、母线保护、电容器保护及备自投、低频减载等安全自动装置。各类保护实现故障记录、存储多套定值、适合当地修改定值等功能。

2. 数据采集

(1)状态量采集。状态量包括:断路器状态、隔离开关状态、变压器分接头信号及变电站一次设备告警信号等。目前这些信号大部分采用光电隔离方式输入系统,也可通过通信方式获得。保护动作信号则采用串行口(RS-232 或 RS485)或计算机局域网通过通信方式获得。

(2)模拟量采集。常规变电站采集的典型模拟量包括:各段母线电压、线路电压、电流和功率值、馈线电流、电压和功率值、频率、相位等，此外还有变压器油温、变电站室温等非电量的采集。模拟量采集精度应能满足 SCADA 系统的需要。

（3）脉冲量。脉冲量主要是脉冲电度表的输出脉冲，也采用光电隔离方式与系统连接，内部用计数器统计脉冲个数，实现电能测量。

3. 事件记录和故障录波测距

事件记录应包含保护动作序列记录及开关跳合记录。其 SOE 分辨率一般在 1~10 ms 之间，以满足不同电压等级对 SOE 的要求。变电站故障录波可根据需要采用两种方式实现，一是集中式配置专用故障录波器，并能与监控系统通信。另一种是分散型，即由微机保护装置兼作记录及测距计算，再将数字化的波形及测距结果送监控系统由监控系统存储和分析。

4. 控制和操作闭锁

操作人员可通过 CRT 屏幕对断路器、隔离开关、变压器分接头、电容器组投切进行远方操作。为了防止系统故障时无法操作被控设备，在系统设计时应保留人工直接跳合闸手段。操作闭锁应具有以下内容：

① 电脑五防及闭锁系统。

② 根据实时状态信息，自动实现断路器、刀闸的操作闭锁功能。

③ 操作出口应具有同时操作闭锁功能。

④ 操作出口应具有跳合闭锁功能。

5. 同期检测和同期合闸

该功能可以分为手动和自动两种方式实现。可选择独立的同期设备实现，也可以由微机保护软件模块实现。

6. 电压和无功的就地控制

无功和电压控制一般采用调整变压器分接头，投切电容器组，电抗器组，同步调相机等方式实现。操作方式可手动可自动，人工操作可就地控制或远方控制。

无功控制可由专门的无功控制设备实现，也可由监控系统根据保护装置测量的电压，无功和变压器抽头信号通过专用软件实现。

7. 数据处理

记录历史数据的形成和存储是数据处理的主要内容，它包括上一级调度中心，变电管理和保护专业要求的数据，主要有：

① 断路器动作次数。

② 断路器切除故障时截断容量和跳闸操作次数的累计数。

③ 输电线路的有功、无功，变压器的有功、无功，母线电压定时记录的最大、最小值及其时间。

④ 独立负荷有功、无功，每天的峰谷值及其时间。

⑤ 控制操作及修改整定值的记录，根据需要，该功能可在变电站当地全部实现，也可在远动操作中心或调度中心实现。

8. 系统的自诊断功能

系统内各插件应具有自诊断功能，自诊断信息也像被采集的数据一样周期性地送往后台机和远方调度中心或操作控制中心。

9. 与远方控制中心的通信

本功能在常规远动"四遥"的基础上增加了远方修改整定保护定值、故障录波与测距信号的远传等，其信息量远大于传统的远动系统。根据现场的要求，系统应具有通信通道的备用及切换功能，保证通信的可靠性，同时应具备同多个调度中心不同方式的通信接口，且各通信口及 MODEM 应相互独立。保护和故障录波信息可采用独立的通信与调度中心相连。

10. 防火、保安系统

从设计原则而言，无人值班变电站应具有防火、保安措施。

6.3 自动重合闸

6.3.1 自动重合闸的作用

1. 自动重合闸装置

电力系统的实际运行经验表明，在输电网中发生的故障大多是暂时性的，如雷击过电压引起的绝缘子表面闪络，树枝落在导线上引起的短路，大风时的短时碰线，通过鸟类的身体放电等。发生此类故障时，继电保护若能迅速使断路器跳开电源，故障点的电弧即可熄灭，绝缘强度重新恢复，原来引起故障的树枝、鸟类等也被电弧烧掉而消失。这时若重新合上断路器，往往能恢复供电，因此常称这类故障为暂时性故障。

对于暂时性故障，断路器断开后再重合一次就能恢复供电，从而可减少停电时间，提高供电的可靠性。重新合上断路器的工作可由运行人员手动操作进行，但手动操作造成的停电时间太长，用户电动机多数可能已经停止运行，因此，这种重新合闸的效果就不显著。为此，在电力系统中广泛采用了自动重合闸装置（简称 ZCH），当断路器跳闸后，它能自动将断路器重新合闸。

此外，输电线路上也可能发生由于倒杆、断线、绝缘子击穿等引起的永久性故障，这类故障被继电保护切除后，如重新合上断路器，由于故障依然存在，线路还要被继电保护装置切除，因而就不能恢复正常的供电。

当输电线路发生故障时，自动重合闸本身并不能判断是暂时性的还是永久性的，因此在重合之后，可能成功（恢复供电），也可能不成功。重合成功的次数与总动作次数之比称为重合闸的成功率。根据运行资料统计，输电线路自动重合闸的成功率在60%～90%。在微机保护中重合闸装置应用自适应原理在重合之前先判断是瞬时性故障还是永久性故障，然后再决定是否重合，这样可大大提高重合闸的成功率。

2. 采用自动重合闸的不利影响

采用自动重合闸后，当重合于永久性故障时，也将带来一些不利影响。

（1）电力系统将再次受到短路电流的冲击，对超高压系统还可能降低并列运行的稳定性，从而引起系统振荡。

（2）因在短时间内连续两次切断短路电流而使断路器的工作条件更加恶劣。

对于重合闸的经济效益，应该用无重合闸时因停电而造成的国民经济损失来衡量。由于重合闸装置本身的投资很低，工作可靠，因此在电力系统中获得广泛的应用。

6.3.2 自动重合闸装置（ARD）的基本要求和类型

1. 自动重合闸装置（ARD）的基本要求

1）动作迅速

在满足故障点去游离（即介质恢复绝缘能力）所需的时间以及断路器消弧室和断路器的传动机构准备好再次动作所需的时间的条件下，ARD装置的动作时间应尽可能短。对于重合闸动作的时间，一般采用 0.5～1.55 s。

2）不允许任意多次重合

ARD动作次数应符合预先的规定，如一次重合闸就只应重合一次。当重合于永久性故障而断路器再次跳闸时，就不应再重合。在任何情况下，都不应把断路器错误地多次重合到永久性故障上去。

3）动作后应能自动复归

ARD成功动作一次后，应能自动复归，准备好再次动作。

4）手动跳闸时不应重合

当运行人员手动操作或遥控操作使断路器断开时，装置不应自动重合。

5）手动合闸于故障线路不重合

当手动合闸于故障线路时，继电保护动作使断路器跳闸后，装置不应重合。

6）可靠的启动方式

一般自动重合闸可采用控制开关位置与断路器位置不对应原则启动重合闸装置，即当控制开关在合闸位置而断路器实际上在断开位置的情况下，使重合闸启动，这样就可以保证不论是什么原因使断路器跳闸后，都可以进行一次重合。对于综合自动重合闸，宜采用不对应原则和保护同时启动。

2. 自动重合闸的类型

自动重合闸的类型可以按照作用于断路器的方式不同、重合闸的对象不同、重合闸的次数不同、结构原理的不同等进行分类。

1）按照自动重合闸装置作用于断路器的方式不同分类

可分为三相重合闸、单相重合闸和综合重合闸三类。三相重合闸是指不论线路上发生的是单相短路还是相间短路，继电保护装置动作后均使断路器三相同时断开，然后重合闸再将断路器三相同时投入的方式。当前一般只允许重合闸动作一次，故称为三相一次自动重合闸装置。单相重合闸是指在发生单相接地故障时，只把故障相断开，然后再进行单相重合而未发生故障的两相仍然继续运行，这样就能够大大提高供电的可靠性和系统并列运行的稳定性。综合重合闸是将单相重合闸和三相重合闸综合到一起，当发生单相接地故障时，采用单相重合闸方式去工作；当发生相间短路时，采用三相重合闸方式去工作。

2）按照重合闸的对象不同分类

可分为线路重合闸、变压器重合闸和母线重合闸等。

3）按照重合闸的次数不同分类

可分为多次重合闸和一次重合闸。

4）按照自动重合闸装置的结构原理分类

可分为电磁型、晶体管型、集成电路型及微机型自动重合闸装置。

3. 自动重合闸应用原则

对一个具体的线路，究竟使用何种重合闸方式，要结合系统的稳定性分析，选取对系统稳定最有利的重合方式。一般遵循以下原则：

① 一般没有特殊要求的单电源线路，宜采用一般的三相重合闸。

② 凡是选用简单的三相重合闸能满足要求的线路，都应选用三相重合闸。

③ 当发生单相接地短路时，如果使用三相重合闸不能满足稳定性要求而出现大面积停电或重要用户停电者，则应当选用单相重合闸和综合重合闸。

6.3.3 单侧电源线路的三相一次重合闸

1. 概念

在电力系统中,三相一次自动重合闸的应用十分广泛。所谓三相一次自动重合闸方式,就是不论发生单相接地短路还是相间短路,继电保护装置均将线路三相断路器一起断开,然后重合闸装置启动,将三相断路器一起合上。若故障为暂时性的,则重合成功,若故障为永久性的,则继电保护将现再次将断路器三相一起断开,而不再重合。

2. 三相一次重合闸的工作原理

图6-16所示为三相一次重合闸的工作原理框图,其主要由重合闸启动、重合闸时间、一次合闸脉冲、手动跳闸后闭锁、手动合闸后加速等元件组成。

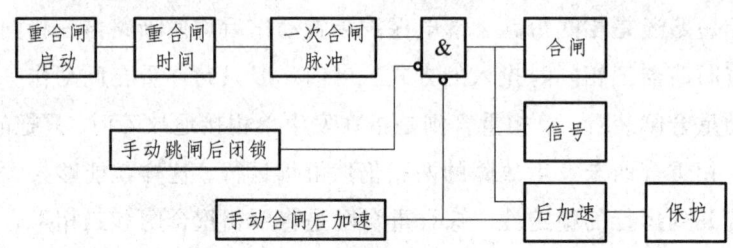

图6-16 三相一次重合闸的工作原理框图

（1）重合闸启动。当断路器由继电保护动作跳闸或其他非手动原因而跳闸后,重合闸均启动。一般使用断路器的辅助常闭接点或者用合闸位置继电器的接点构成。在正常情况下,当断路器由合闸位置变为分闸位置时,立即发出启动指令。

（2）重合闸时间。启动元件发出启动指令后,时间元件开始计时,达到预定的延时后,发出一个短暂的合闸命令。这个延时即重合闸时间,可以对其整定。

（3）一次合闸脉冲。当延时时间到后,它立即发出一个可以合闸的脉冲命令,并且开始计时,准备重合闸的整组复归,复归时间一般15~25 s。在这个时间内,即使再有重合闸时间元件发出命令,它也不再发出可以合闸的第二次命令。此元件的作用是保证在一次跳闸后有足够的时间合上（瞬时性故障）和再次跳开（永久性故障）断路器,而不会出现多次重合。

（4）手动跳闸后闭锁。当手动跳开断路器时,也会启动重合闸回路,为消除这种情况造成的不必要合闸,常设置闭锁环节,使其不能形成合闸命令。

（5）重合闸后加速保护跳闸回路。对于永久性故障,在保证选择性的前提下,尽可能地加快故障的再次切除,需要保护与重合闸配合。当手动合闸到带故障的线路上时,保护跳闸。故障一般是因为检修时的保安接地线未拆除、缺陷未修复等永久性故障,不仅不需要重合,还要加速保护的再次跳闸。

3. 电磁型单侧三相一次自动重合闸

单侧三相一次自动重合闸装置通由启动元件、延时元件、一次合闸脉冲元件和执行元件 4 部分组成。启动元件的作用是当断路器跳闸之后，使重合闸的延时元件启动；延时元件是为了保证断路器跳闸之后，在故障点有足够的去游离时间和断路器及传动机构能准备再次动作的时间；一次合闸脉冲元件用于保证重合闸装置只能重合一次；执行元件则是将重合闸动作信号送至合闸电路和信号回路，使断路器重新合闸，告知值班人员重合闸已动作。

如图 6-17 为电磁型单相三相一次自动重合闸原理接线图。其工作情况如下：

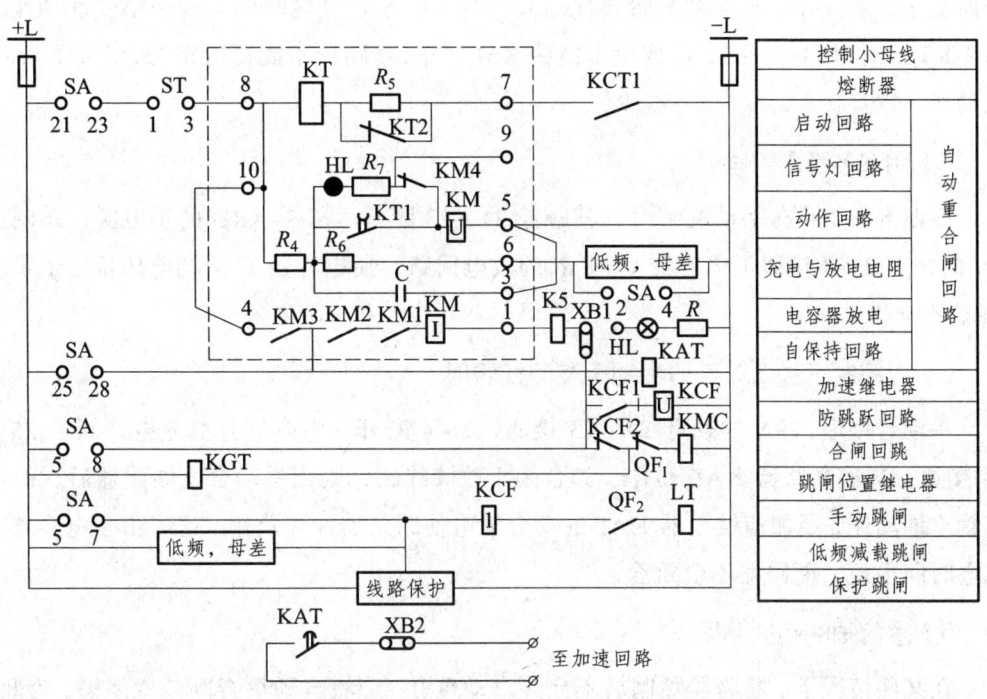

图 6-17　电磁型单侧三相一次自动重合闸原理接线图

1）正常工作时

线路处在正常工作情况下，控制开关 SA 和断路器都处于对应的合闸位置，电容 C 经电阻 R_4 充满电，ARD 处于准备动作状态，信号灯 HL 亮。

2）线路发生瞬时性故障或断路器误跳时

控制开关 SA 和断路器位置处于不对应状态。因断路器跳闸，所以其辅助触点 QF_1 闭合，QF_2 打开，跳闸位置继电器 KCT 动作，触点 KCT1 闭合，启动重合闸时间继电器 KT，其瞬动触点 KT2 断开，串进 R_5 来保证 KT 线圈的热稳定。C 放电，从而 KM 动作，其常开触点闭合，接通了断路器的合闸回路，合闸接触器 KMC 励磁，使断路器重新合上。同时 KS 励磁动作，发出重合闸动作信号。

KM 电流线圈在这里起自保持作用，只要 KM 被电压线圈短时启动一下，便可通过电流自保持线圈使 KM 在合闸过程中一直处于动作状态，从而使得断路器可靠合闸；连接片 XB1 用来将 ARD 投入试验状态。

断路器重合成功后，其辅助触点 QF_1 断开，继电器 KCT、KT、KM 均返回，电容器 C 重新充电，经 15~25 s 后 C 充满电，装置整组复归，准备下次动作。

3）线路发生永久性故障时

保护动作跳闸，ARD 动作，断路器重合。因故障并未消除，继电保护再次动作使断路器第二次跳闸，重合闸装置再次启动，由于电容 C 充电时间 = 保护第二次动作时间 + KT 延时时间<15~25 s，放电不能使 KM 动作，断路器不能再次重合，保证了 ARD 只动作一次。

4）用 SA 手动跳闸时

控制开关 SA 在手动跳闸时，其触点 21~23 断开，切断 ARD 的正电源。跳闸后 SA 的触点 2~4 接通了电容器 C 对 R_6 的放电回路，使电容器 C 两端电压接近于零，ARC 不动作。

5）用控制开关 SA 手动合闸于故障线路时

手动合闸时，SA 的触点 21~23 接通，2~4 断开，电容器开始充电，同时 25~28 接通，加速断路器 KAT 动作。如合闸于故障线路，则当手动合上断路器后，保护装置立即动作，经加速继电器 KAT 的动合触电使断路器加速跳闸，这时由于电容器 C 充电时间很短，断路器不会重合。

6）重合闸的闭锁回路

在某些情况下，断路器跳闸后不允许自动重合，应将自动重合闸装置闭锁，为此，可将母线保护动作触点、自动按频率减负荷装置的出口辅助触点与 SA2-4 触点并联。当母线保护或自动按频率减负荷装置动作时，相应的辅助触点闭合，接通电容器 C 对 R_6 的放电回路，从而保证了重合闸装置在这些情况下不会动作，达到闭锁重合闸的目的。

6.3.4 自动重合闸与继电保护的配合

自动重合闸与继电保护配合的方式主要有两种：自动重合闸前加速保护动作和自动重合闸后加速保护动作。

1. 自动重合闸前加速保护动作（简称为"前加速"）

1）原理说明

图 6-18 中每一条线路上均装有过流保护，当其动作时限按阶梯形选择时，靠近电

源端保护 3 处的断路器 QF_3 处的继电保护时限最长。为了加速切除故障，在 QF_3 处可采用自动重合闸前加速保护动作方式。即在 QF_3 处不仅有过流保护，还装设有能保护到 L_3 的电流速断保护和自动重合闸装置 ARD。这时，不论是在线路 L_1、L_2 或 L_3 发生故障，第一次都是由 QF_3 处的电流速断保护无延时地断开断路器 QF_3，然后自动重合闸装置将断路器重合一次，重合以后保护第二次动作切除故障是有选择性的。例如，如果故障发生在线路 A-B 以外（如 k_1 点故障），则保护 3 的第一次动作是无选择性的，但断路器 QF_3 跳闸后，如果此时的故障是暂时性故障，则重合成功，恢复正常供电；如果是永久性故障，则在 QF_3 重合之后，过流保护将按时限有选择地将相应的断路器跳开。即当 k_1 点故障时，由 QF_1 的保护跳开 QF_1，若 QF_1 保护拒动，则由 QF_2 保护跳开断路器 QF_2。

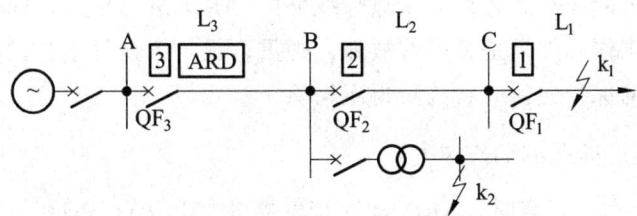

图 6-18　重合闸前加速保护动作原理说明图

2) 自动重合闸"前加速"保护方法动作过程（以电磁型为例）

自动重合闸"前加速"保护方法的实现，是将重合闸装置中加速继电器 JSJ 的常闭接点串联接于电流速断保护跳闸出口回路中（图 6-19）。当线路上发生故障时，电流速断保护的电流继电器 KA 的接点瞬时闭合，正电源经加速继电器的常闭接点 JSJ 启动分闸线圈 YT 而跳闸。随后，自动重合闸装置启动，当 ARD 的中间继电器 KC 动作，常开接点 KC1~KC3 闭合而发出合闸脉冲时，其中的一对常开接点 KC3 也同时启动加速继电器 JSJ，使 JSJ 的常闭接点打开。如果重合于永久性故障，电流速断保护的电流继电器 KA 启动，但不能经 JSJ 的常闭接点而瞬时跳闸，而是要等过流保护的延时接点 2KT 闭合后，才能跳闸，在重合闸后，保护将带时限跳闸。

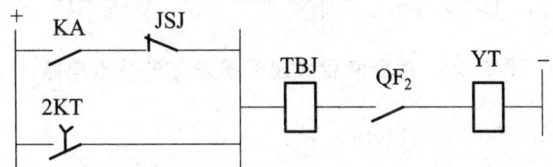

图 6-19　重合闸前加速保护的动作的接点电路

3) 采用"前加速"方式的优缺点

优点：能快速地切除故障，使暂时性故障来不及发展成为永久性故障，而且所需设备少，只须一套 ARD 装置。

缺点：重合于永久性故障时，再次切除故障的时间可能很长，装有重合闸装置的断路器的动作次数很多，若此断路器或重合闸拒动，则停电的范围将扩大，甚至在最末一级线路上发生的故障，也可能造成全部停电。因此，"前加速"方式主要用于35 kV以下的网络。

2. 重合闸后加速保护动作（简称为"后加速"）

1）原理说明

这种方式就是第一次故障时，保护按有选择性的方式动作跳闸。如果重合于永久性故障，则加速保护动作，瞬时切除故障。采用"后加速"方式时，必须在每条线路上都装设有选择性保护和自动重合闸装置。任一线路上发生故障时，首先由故障线的选择性保护动作将故障切除，然后由故障线路的 ARD 进行重合，同时将选择性保护的延时部分退出工作。如果是暂时性故障，则重合成功，恢复正常供电；如果是永久性故障，故障线的保护便瞬时将故障再次切除。

2）重合闸后加速保护动作过程

如图 6-20 所示，正常时，ARD 加速继电器的常开接点 JSJ₁ 与保护的瞬时接点 KA 串联，而加速继电器的常闭接点 JSJ2 与保护的延 2KT 串联。当故障时，KA 虽然动作，但 JSJ1 是断开的，不能瞬时跳闸；只有当按照选择性原则动作的保护接点 2KT 闭合时，才能接通 YT，使断路器跳闸。随后，ARD 动作，发出合闸脉冲，并启动加速继电器 JSJ，使常开接点 JSJ1 闭合，常闭接点 JSJ2 打开。若重合在永久性故障上，则 KA 将瞬时再次动作，这时，因 JSJ1 已闭合，故能立即形成 YT 的通路，无须等待延时，而立即使断路器跳闸。"后加速"也可采用 JSJ1 短接 2KT 的延时接点的方法来实现。

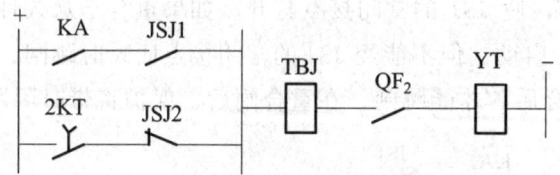

图 6-20 重合闸后加速保护动作的接点电路

3）采用"后加速"保护的优缺点

优点：第一次跳闸是有选择性的动作，不会扩大事故。在重要的高压网络中，一般都不允许保护无选择性地动作，故应用这一方式尤其适合；使再次断开永久性故障的时间加快，有利于系统并联运行的稳定性。

缺点：第一次故障可能带时限，当主保护拒动，而由后备保护来跳闸时，时间可能比较长。

6.3.5 直流保护自动重合闸

对于非永久性短路故障，自动重合闸无疑是提高供电质量的重要手段，但不同于交流系统保护，直流断路器的重合不允许带故障闭合后加速跳闸，那样会造成断路器寿命的较大损失，因此必须在确认线路发生的是非永久性短路故障时才允许合闸，故加装线路检测保护。直流馈线主保护、线路检测和自动重合闸保证了直流牵引馈线保护的快速性、选择性与可靠性的要求。

以往的电磁式保护，不设线路检测，直流断路器跳闸后立即重合闸一次，若重合闸不成功，则闭锁重合闸。现在的微机式保护，直流断路器合闸前先进行线路检测，线路检测成功后，断路器再合闸。如果运行中断路器跳闸，在断路器重合闸前也先进行线路检测，若线路检测通过，则认为不存在永久性短路点，进行断路器重合闸；反之，若线路检测不通过，则认为运行线路上短路点仍存在，为避免断路器再次受到短路电流的冲击，断路器不再重合。需要指出的是，目前实际运行中，重合闸动作的条件一般设定为线路检测通过且重合闸不成功次数小于设定次数，而不同于以往的重合闸动作只一次不成功就被闭锁，这有利于提高供电的可靠性，但对保护定值的设置提出了较高要求。

以下为 SEPCOS（瑞士赛雪龙公司研制的远方控制和保护系统、微机型继电保护和控制综合装置）自动重合闸功能及防跳说明。

（1）自动重合闸启动条件：以下四个条件必须同时具备。
① 断路器在合闸位。
② 转换开关模式在远动位。
③ 保护装置或大电流脱口保护动作出口。
④ 重合闸装置投入。

（2）重合闸动作时间为 15 s，可以累计动作 3 次。累计动作次数时的间隔不得超过 12 s，如超过 12 s 时就会自动重新计算累计动作次数。

（3）重合闸可以投入，也可以撤出。

（4）自动重合闸是指在线路出现故障断路器分闸后，经过一定延时（Delay，15 s）后，SEPCOS 发出重合闸命令，经线路测试，使断路器自动重合闸。如果断路器在防跳功能中设定的时间间隔 T（18~20 s）内又跳开，则计数一次，若被跳开的次数达到预先设定的次数 $N=3$，则断路器被闭锁跳闸后再重合（防跳）。重合闸延时 $Delay$、防跳设定次数 N 和防跳的时间间隔 T 均可调。

参数说明：

$Delay$：（自动重合闸）两次成功合闸间隔的最短时间，即手动或重合闸使断路器合闸后，当线路发生故障，SEPCOS 发出断路器跳闸命令，断路器分闸，同时重合闸启动，间隔 $Delay$ 时间延时，断路器重新合闸的过程中重合闸从启动到出口的总时间。

N：防跳设定次数。允许断路器按防跳间隔时间 T 连续分、合闸的最高次数。

T：防跳的时间间隔。重合闸成功开始计时，直到断路器调整计时（即：重合次数超过 N 次、两次重合的时间间隔超过了 12 s）结束。

T*：自动重合闸最大允许延时 = 正常操作的最坏的事件中重合闸必须的延时 = 线路测试最大持续时间 + 自动重合闸持续时间 + 4 s（安全时间）。

自动重合闸参数设定表如表 6-1 所示。

表 6.1　自动重合闸参数设定表

参数	单位	范围	实际设定值
Delay	s	1～30 s	15 s
N	—	1～5 次	3 次
T	s	3～20 s	18～20 s

（5）自动重合闸功能程序。

当线路发生瞬时故障时，SEPCOS 发出断路器跳闸命令，断路器分闸，经过 12 s 后，SEPCOS 进行线路测试（线路测试需要 12 s），当测试符合重合闸动作时，重合闸延时 15 s（从断路器跳闸后，重合闸立即启动到重合闸动作的时间）动作使断路器合闸。如果重合成功，线路有电时间间隔小于 12 s，线路又发生故障，SEPCOS 又发出断路器跳闸命令，断路器分闸。经过 12 s SEPCOS 进行线路测试，当测试符合重合闸动作时，重合闸延时 15 s 动作使断路器合闸。如果再发生线路故障，SEPCOS 发出断路器跳闸命令，断路器分闸，重合闸不再启动，断路器不再合闸。如果线路有电间隔时间大于 12 s，重合闸次数重新又从 1 次开始计数，断路器调整计时结束。

（6）线路测试功能。

在断路器合闸前，对线路进行测试，以防止断路器合闸于永久性故障线路上。典型的测试线路原理图如图 6-21 所示，通过旁路来测试线路状况。整个测试回路由电阻、熔断器、接触器和采样模块组成，将母线电压通过测试回路加到馈线回路，测量回路电阻来判断是否可以合闸。

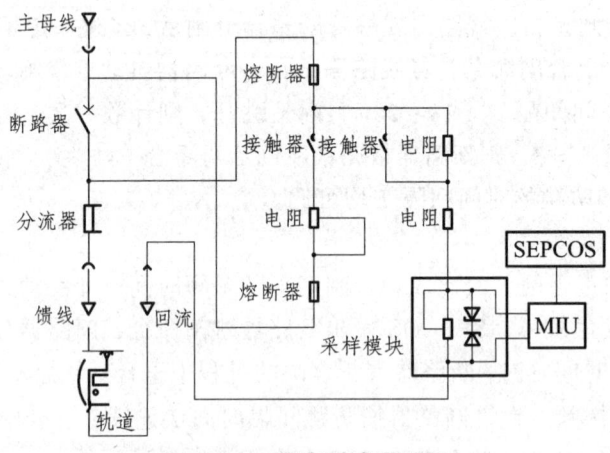

图 6-21　线路测试原理图

原理：线路测试回路的接触器合闸瞬间会给母线电压注入短时脉冲（通过电阻限定其电流量），其目的是为了确定整个线路部分的总电阻（R_x）。

$$R_x = 馈线电阻 + 轨道电阻 + 回流电阻$$

总电阻（R_x）的计算结果将决定 HSCB 是否被允许合闸。当总电阻 R_x 大于可调电阻 R_{min} 时，HSCB 被允许合闸。在手动模式下，测试进行一次；在自动模式下，可进行 N 次。图 6-22 为典型馈线柜测量室结构示意图。

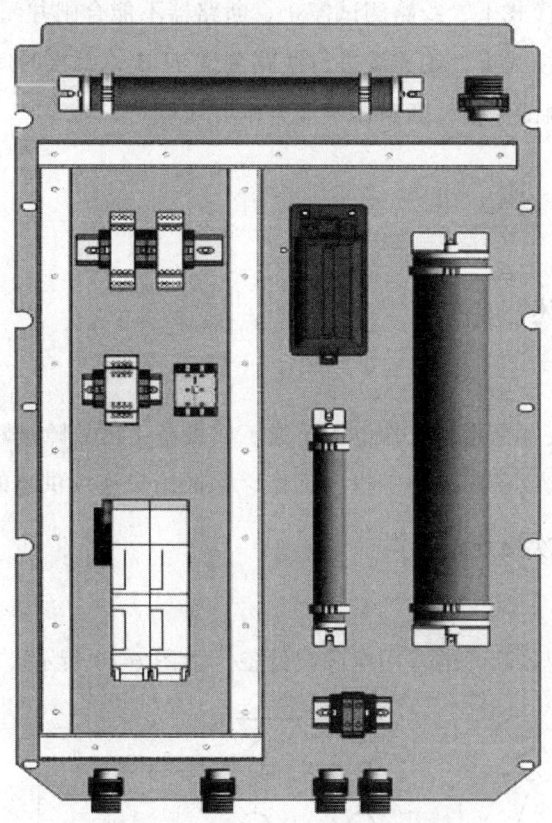

图 6-22　典型馈线柜测量室结构

典型馈线柜测量室包含如下功能：电压测量、电流测量、线路测试装置（LTD）。各模块功能：

HSCB 分合闸电阻（上边的电阻）：用来调节分合闸回路电流。

分压电阻（右边最大的电阻）：用于将线路电压（直流）降低到一个需要的数值。

稳压模块（绿色处）：用于调节电压值，将电压值保持在保护装置允许的范围之内。

高压熔断器（左下角白色处）：用于保护（电压）测量电路。

线路测试接触器（蓝色处）：用于线路测试回路的接触器。

MIU10 测量放大器（右上二白处）：用于信号放大和电气绝缘。

高压端子（右下处）：用于负极测量电缆的连接。

下面就测量馈线电压 U_f 时的不同情况分别加以阐述。

（1）如果馈线电压 $U_f \geq U_{fLow}$（最小允许车辆运行电压 1 000 V，此时线路已由另一断路器供电），直接合闸本所馈线断路器。

（2）如果馈线电压 $U_{fLow} > U_f > U_{fResidue}$（残压），

① 在"就地"模式下，线路测试停止，断路器不能合闸并闭锁。

② 在"遥控"模式下，则连续进行线路测试 N 次，每次时间间隔 D，若线路中故障仍存在，线路测试停止，断路器不能合闸并闭锁。

6.4 备用电源自投

6.4.1 备自投概述

1. 概　念

备用电源自投装置是指当工作电源（或工作设备）因故障被断开以后，能自动而迅速地将备用电源（或备用设备）投入工作，保证用户连续供电的一种装置。

2. ATS 装置一次接线的分类

1）明备用

正常情况下有明显断开的备用电源或设备，如图 6-23 所示。

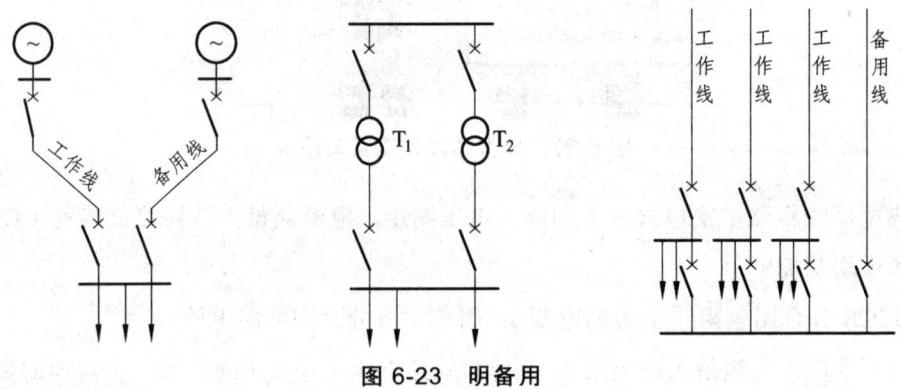

图 6-23　明备用

2）暗备用

正常情况下没有断开的电源和设备而是分段母线间利用分段断路器取得的相互备用，如图 6-24 所示。

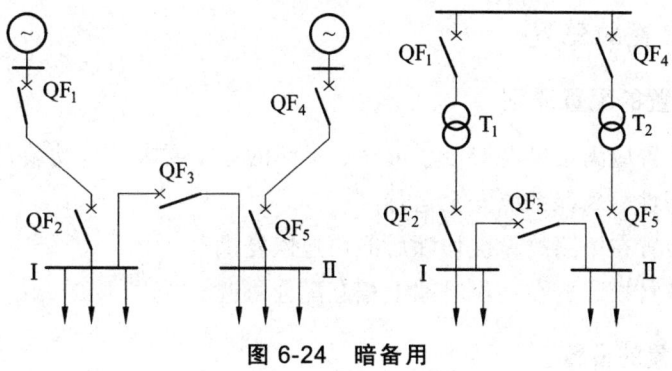

图 6-24 暗备用

3. ATS 的优点

（1）提高供电可靠性，节省建设投资。

（2）简化继电保护。

（3）限制短路电流，提高母线残余电压。

4. ATS 的应用

（1）装有备用电源的发电厂厂用电源和变电所所用电源。

（2）由双电源供电，其中一个电源经常断开作为备用的变电所。

（3）降压变电所内有备用变压器或互为备用的母线段。

（4）有备用机组的某些辅机。

5. 对 ATS 装置的基本要求

（1）工作电源的电压不论何种原因消失时，ATS 装置均应动作。

实现：ATS 在工作母线上设置独立的低压启动部分，当工作母线失去电压后，启动部分动作，断开供电元件的受电侧断路器。

（2）应保证在工作电源断开后 ATS 装置才动作。

实现：供电元件侧断路器的动断触点启动 ATS 出口。

（3）ATS 装置应保证只动作一次。

实现：控制备用电源断路器的合闸脉冲，使之只能合闸一次而不能合闸两次。

（4）当工作母线和备用母线同时失去电压时，ATS 装置不应启动。

实现：此备用电源必须具备有电压鉴定功能。

（5）ATS 动作时间应该使负荷停电时间尽可能的短。

（6）电压互感器二次侧熔断时，ATS 装置不应动作。

（7）一个备用电源同时作为几个工作电源的备用时，如果备用电源已代替一个工作电源，当另一个工作电源又被断开时，只要事先已核实备用电源的容量能满足要求，ATS 装置应仍能动作。

（8）应当检验 ATS 装置动作时备用电源的过负荷情况及电动机自启动情况。

6.4.2 自动装置的配置

1. 自动装置的配置原则

（1）自动装置应满足供电安全、可靠、灵活的运行要求，自动装置具有安全闭锁以提高供电可靠性、确保系统安全运行。

（2）自动装置在短路故障被切除后能快速恢复供电。

（3）各级备自投装置在动作时间上相互配合协调。

2. 自动装置的设置

（1）35 kV 母线分段断路器设置备自投装置，自投功能可在当地/远方进行投入/撤除。在当地开关柜上设置硬压板，在控制中心电力监控系统设置软压板。当软压板与硬压板均在允许位置时，备自投装置投入；当软压板与硬压板其中一个或两个在禁止位置时，备自投装置退出。进线开关差动保护动作启动备自投，缩短电源中断时间。

（2）牵引变电所的 1 500 V_{dc} 馈线断路器设置带有故障性质判断的自动重合闸装置。当牵引网发生故障时，保护启动，使断路器分闸后，延时启动线路测试，对线路进行循环测试。如故障是瞬时性的，断路器重新合闸；如故障是永久性的，一个测试周期过后，自动重合闸将闭锁直流断路器的合闸。

（3）0.4 kV 母线分段断路器设置备用电源自动投入装置，并具有自投/自复和手投/手复两种工作模式。自投/自复功能可在当地/远方进行投入/撤除。在当地开关柜上设置硬压板，在控制中心电力监控系统设置软压板。当软压板与硬压板均在允许位置时，自投/自复功能投入；当软压板与硬压板其中一个或两个在禁止位置时，自投/自复功能退出，转入手投/手复工作模式。

（4）交流自用电系统两路进线设置双电源自动切换装置或功能。

（5）35 kV 侧的备自投装置与 0.4 kV 侧的备自投装置在投入时间上设置级差，实现相互协调配合。一个 35 kV 进线电源失电时，由 35 kV 侧备自投装置根据情况将备用电源投入，0.4 kV 侧备自投装置不动作。

6.4.3 备用电源自动投入装置的运行方式

1. 进线备自投方式

母线上的两条电源进线正常时一条工作、一条备用，当工作线路因故障跳闸造成母线失去电压时，备自投动作将备用线路自动投入，如图 6-25 所示。

1）运行条件

电源进线一运行，带两段 110 kV 母线，电源进线二热备用，两台主变压器运行或一运行一备用。

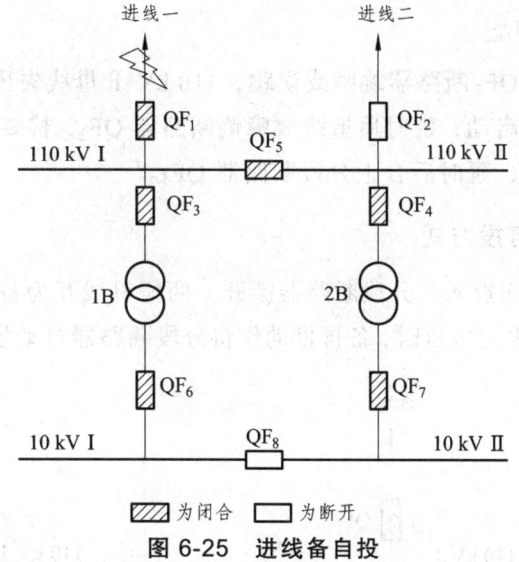

图 6-25 进线备自投

2)备自投动作过程

当电源进线一线路故障,使 QF_1 跳闸或误跳,导致 110 kV 母线失压且进线一无电流,然后进线备自投启动,延时后追跳 QF_1,检查 QF_1 断路器已断开,且进线二有电压,延时后合上 QF_2。

2. 高压分段开关备自投

1)运行条件

电源进线一和电源进线二皆运行,分别带两段 110 kV 母线,110 kV 分段断路器热备用,两台主变压器运行或一运行一备用,如图 6-26 所示。

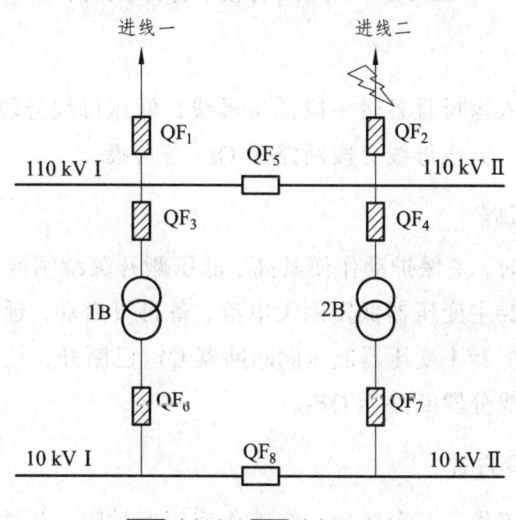

图 6-26 高压分段开关备自投

2）备自投动作过程

电源线路故障使 QF_2 断路器跳闸或误跳，110 kV Ⅱ母线失压且故障线路无电流，110 kV 侧分段备自投启动，延时后追跳故障侧断路器 QF_2，检查 QF_2 断路器已断开且 110 kV Ⅰ母线有电压，延时后合上分段断路器 QF_5。

3. 低压分段备自投方式

两段母线正常时均投入，分段断路器断开。两段母线互为备用，当一段母线因电源进线故障造成母线失去电压时，备自投动作将分段断路器自动投入，如图 6-27 所示。

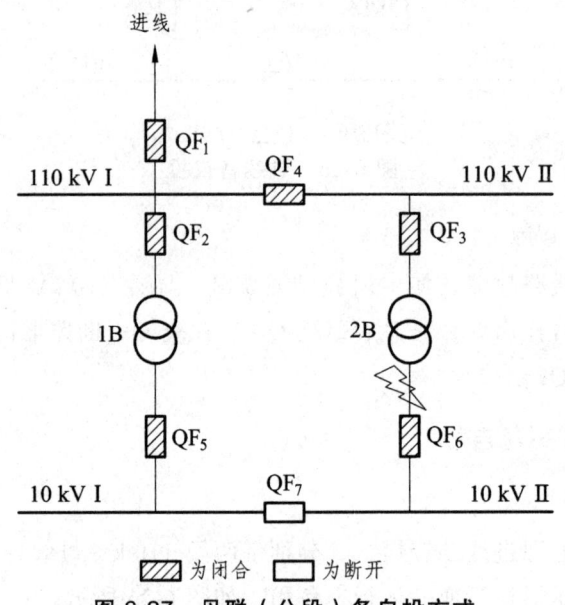

图 6-27 母联（分段）备自投方式

1）运行条件

两台主变压器投入运行且各带一段低压母线，低压母线分段断路器 QF_7 断开，两台主变压器互为备用，低压母线分段断路器 QF_7 备自投。

2）备自投动作过程

2#主变压器故障时，主保护动作使其高、低压侧开关跳闸或高、低压侧开关误跳，10 kV Ⅱ母线失压且 2#主变压器低压侧无电流，备自投启动，延时后追跳 2#主变压器低压侧 QF_6 开关，检查 2#主变压器低压侧断路器 QF_6 已断开，且 10 kV Ⅰ母线有电压，经延时后合上低压母线分段断路器 QF_7。

4. 变压器备自投方式

两台变压器一台工作、一台备用，当工作变压器故障，母线失去电压时，备自投动作将备用变压器自动投入，如图 6-28 所示。

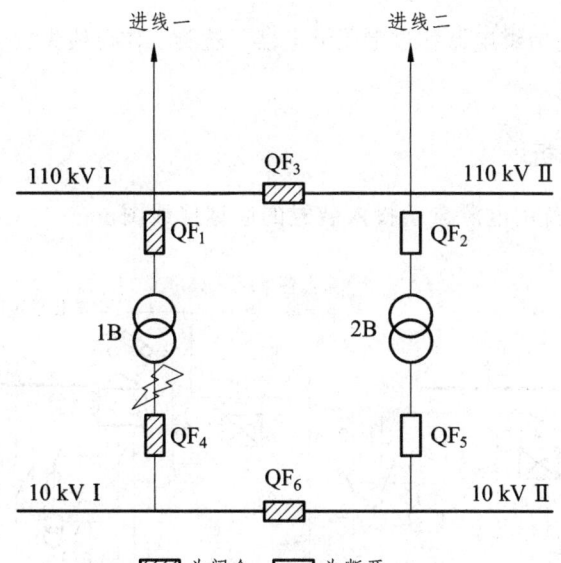

图 6-28 变压器备自投方式

1)运行条件

10 kV 母联 QF_6 合上，1#主变压器两侧断路器（QF_1 及 QF_4）合上，2#变压器两侧断路器（QF_2 及 QF_5）断开，1#主变压器带两段低压母线运行，2#主变压器备自投（要注意备用变压器中性点刀闸的位置）。

2)备自投动作过程

1#主变压器故障时，主保护动作使其高、低压侧开关跳闸或高、低压侧开关误跳，10 kV Ⅰ、Ⅱ母线失压且 1#主变压器低压侧无电流，备自投启动，延时后追跳 1#主变压器低压侧 QF_4 开关。检查 1#主变压器低压侧断路器 QF_4 已断开，且 110 kV Ⅱ 母线有电压，经延时后先合上 2#主变压器高压侧 QF_2 开关，再经延时后合上 2#主变压器低压侧 QF_5 开关。

6.4.4 备用电源自动投入装置的典型接线

1. ATS 装置的组成部分

（1）低压启动部分。工作母线因各种原因失去电压时，断开工作电源（QF_2 断开）。

（2）自动合闸部分。工作电源断路器断开后，将备用电源的断路器合上（QF_3 闭合）。

2. ATS 装置的启动方式

（1）采用"低电压继电器"检测工作母线失去电压的情况（不足：需要克服 TV 断线的影响）。

（2）采用"低电流继电器和过电压继电器"检测工作母线失去电源的状况（不足：需要增加设备投资）。

3. 工作原理分析

图 6-29 所示为备用电源自动投入装置的原理接线图。

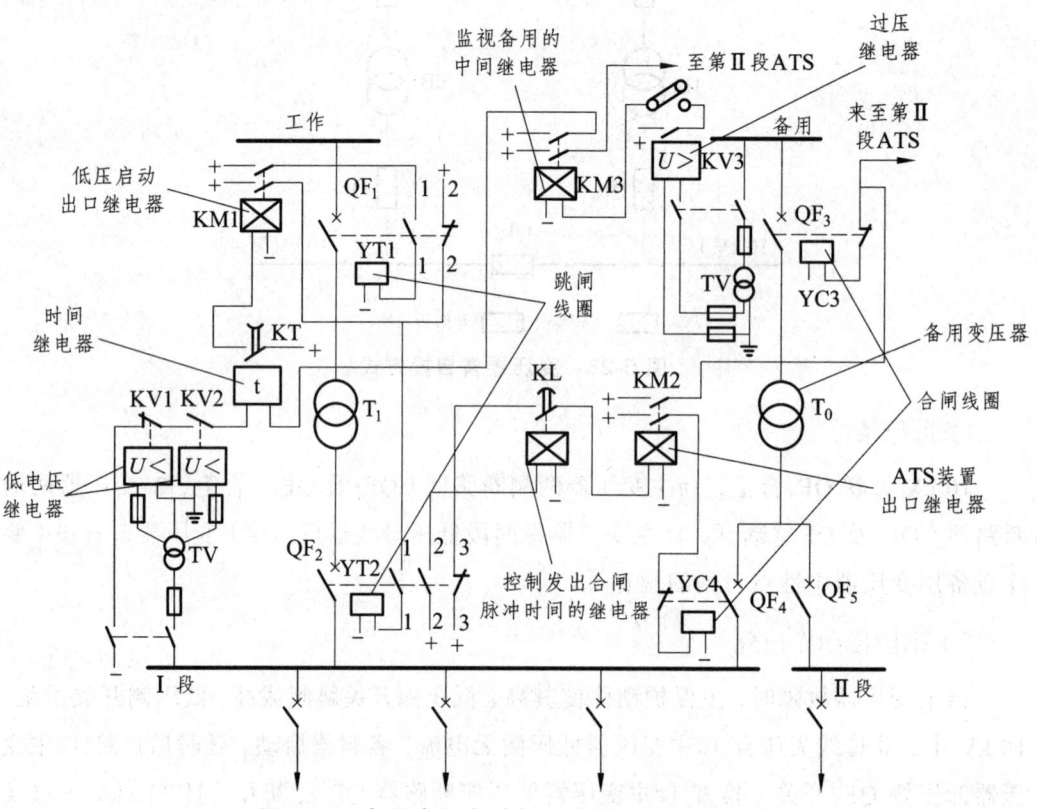

图 6-29 备用电源自动投入装置的原理接线图

1）正常运行时

正常运行时的接线图如图 6-30 所示。此时，I 段母线和备用电源均有电压，KV1、KV2 常闭触点打开，KV3 常开触点闭合且 KM3 带电，其常开触点闭合是为 ATS 启动做好准备。同时，因断路器 QF_2 处于合闸状态——KL 带电，其触点闭合，也为 ATS 装置的出口动作做好了准备。

2）工作变压器 T_1 故障

工作变压器 T_1 故障时接线图如图 6-31 所示。此时，T_1 保护使 KM1 得电动作，YT1、YT2 通电，QF_1、QF_2 跳闸，KM2 带电，KM2 触点闭合，启动 YC3、YC4，QF_3、QF_4 闭合，KL 延时断开，保证只动作一次。

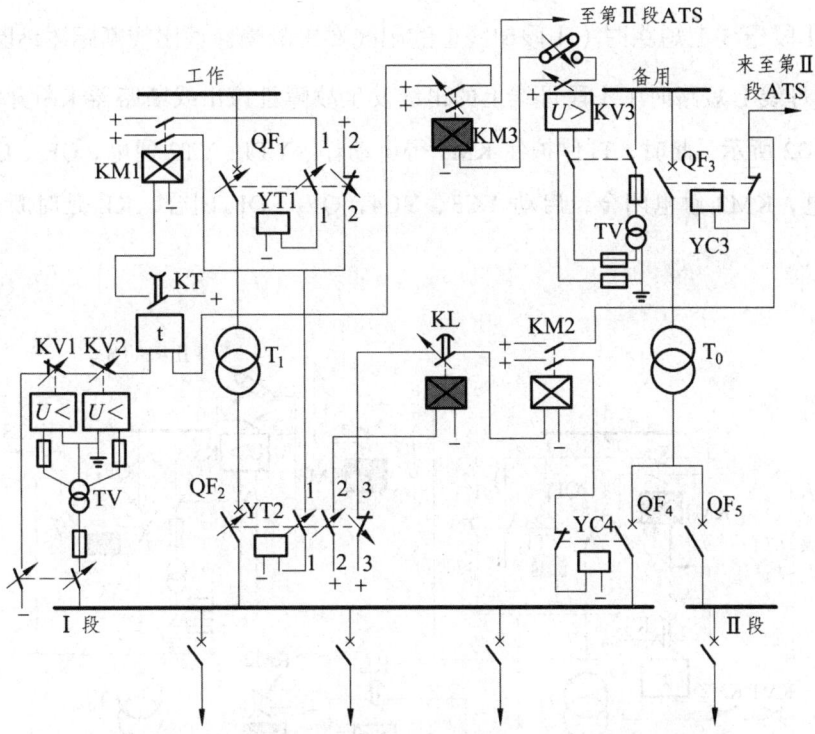

图 6-30　正常运行时备用电源自动投入装置的接线图

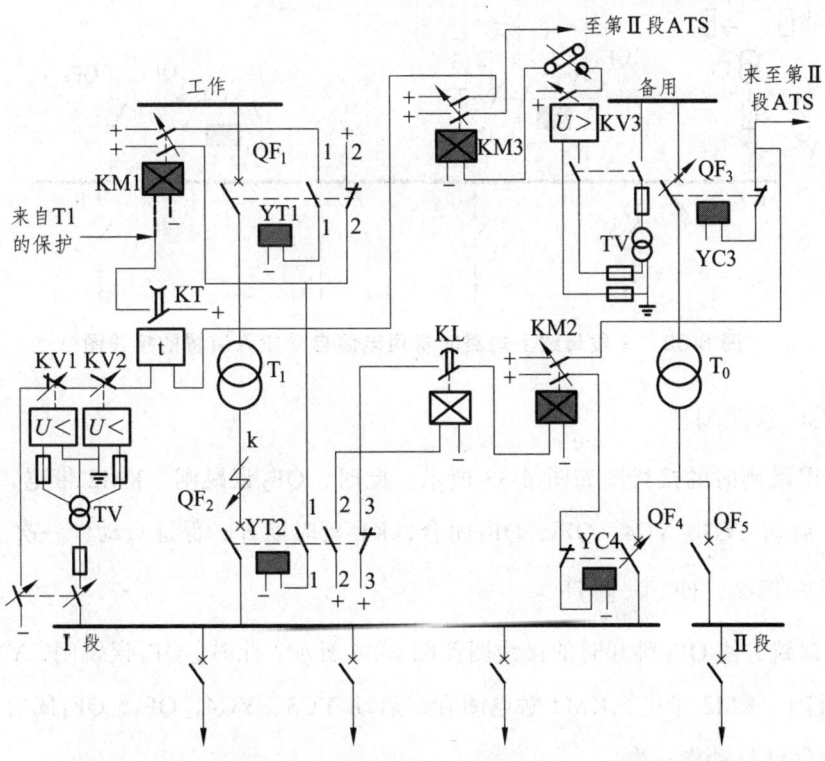

图 6-31　工作变压器 T_1 故障时备用电源自动投入装置的接线图

3）Ⅰ段母线上短路时（Ⅰ段母线上的出线发生故障且该出线断路器未断开时）

Ⅰ段母线上短路时（Ⅰ段母线上的出线发生故障且该出线断路器未断开时）接线图如图 6-32 所示。此时，T_1 保护使 KM1 得电动作，YT1、YT2 通电，QF_1、QF_2 跳闸，KM2 带电，KM2 触电闭合，启动 YC3、YC4，QF_3、QF_4 闭合，KL 延时断开，保证只动作一次。

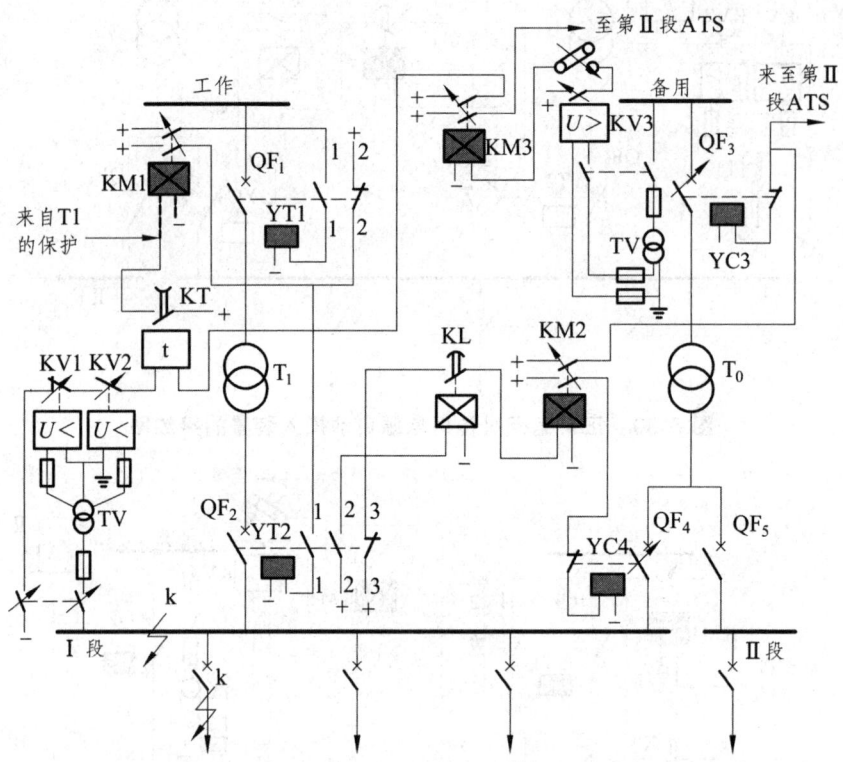

图 6-32　Ⅰ段母线上短路时备用电源自动投入装置的接线图

4）QF_2 误跳闸

QF_2 误跳闸时的接线图如图 6-33 所示。此时，QF_2 误跳闸，KM2 带电，KM2 触电闭合，启动 YC3、YC4，QF_3、QF_4 闭合，KL 延时断开，保证只动作一次。

5）QF_1 误跳，使 QF_2 跳开

QF_1 误跳，使 QF_2 跳开时的接线图如图 6-34 所示。此时，QF_1 误跳闸，YT2 带电，使 QF_2 跳闸，KM2 带电，KM2 触电闭合，启动 YC3、YC4，QF_3、QF_4 闭合，KL 延时断开，保证只动作一次。

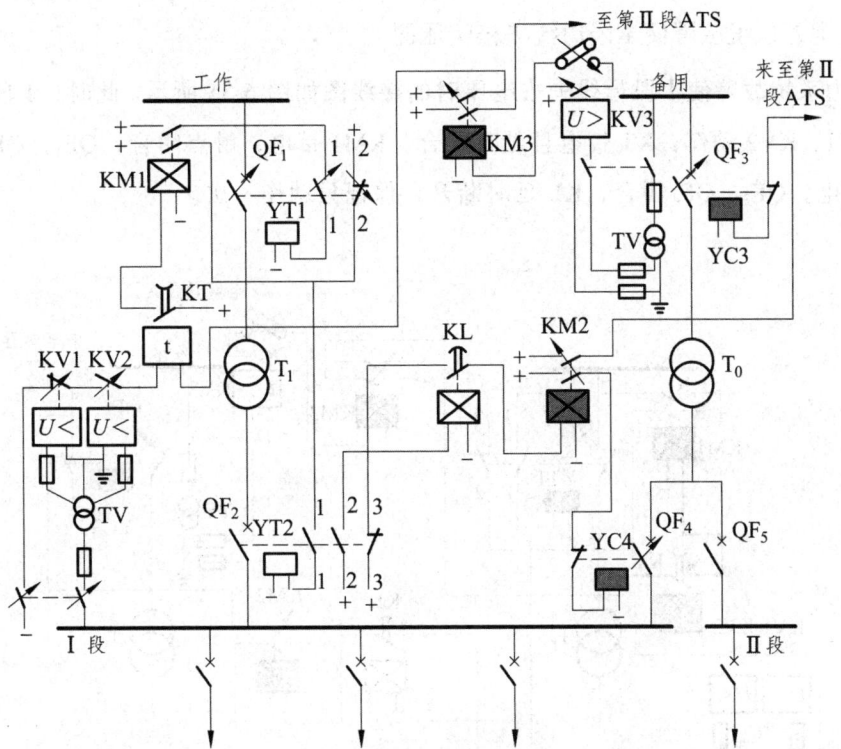

图 6-33 QF₂ 误跳闸时备用电源自动投入装置的接线图

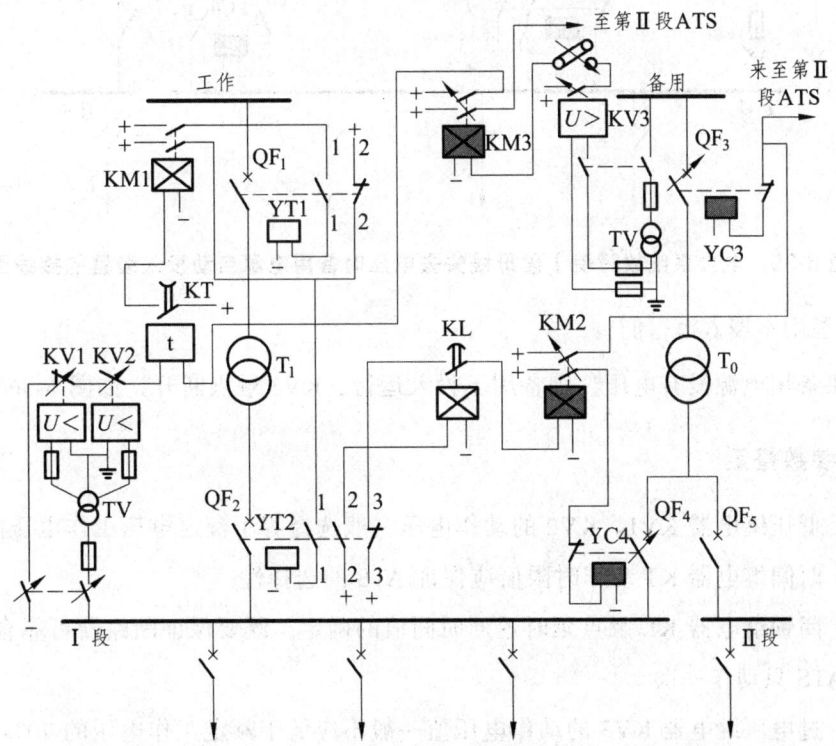

图 6-34 QF₁ 误跳，使 QF₂ 跳开时备用电源自动投入装置的接线图

6)电力系统故障使Ⅰ段母线失去电压时

电力系统故障使Ⅰ段母线失去电压时的接线图如图 6-35 所示。此时,Ⅰ段母线失压,KV1、KV2 动作,KT 带电且延时闭合,KM1 带电,触点闭合,QF_1、QF_2 跳闸,KM2 带电,QF_3、QF_4 闭合,KL 延时断开,保证只动作一次。

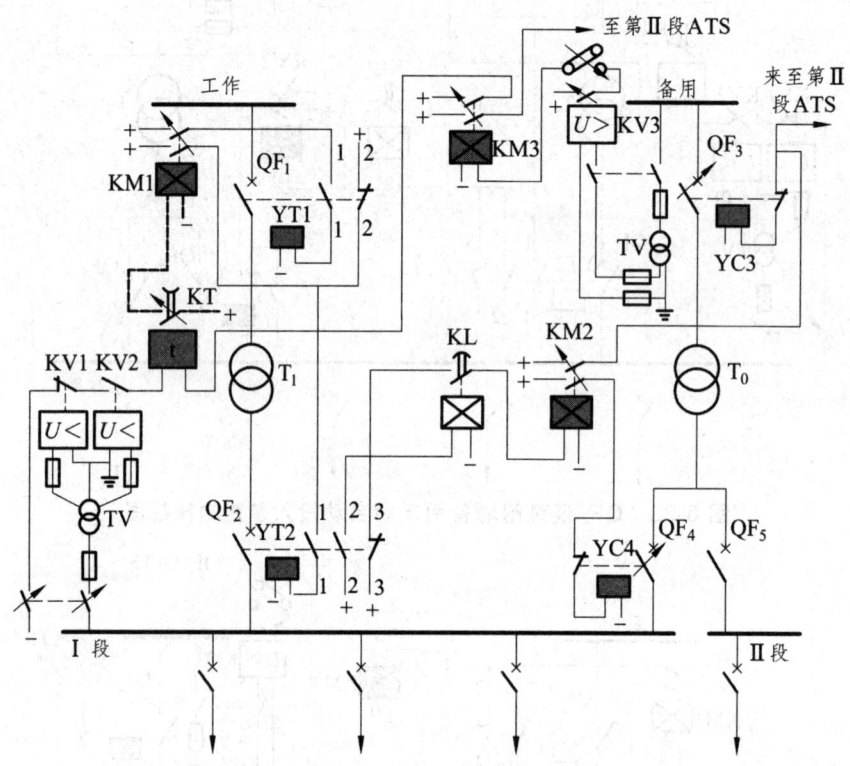

图 6-35　电力系统故障使Ⅰ段母线失去电压时备用电源自动投入装置的接线图

7)备用不投入运行时

如果备用电源没有电压,则备用不投入运行,KV3 触点断开,如图 6-36 所示。

4. 参数整定

(1)低压继电器 KV1、KV2 的动作电压一般选择等于额定电压工作电压的 25%。

(2)时间继电器 KT 动作时限值应保证 ATS 的选择性。

(3)闭锁继电器 KL 触点延时返回时间值的确定,既要保证断路器可靠合闸,又要保证 ATS 只动作一次。

(4)过电压继电器 KV3 的动作电压值一般不应低于额定工作电压的 70%。

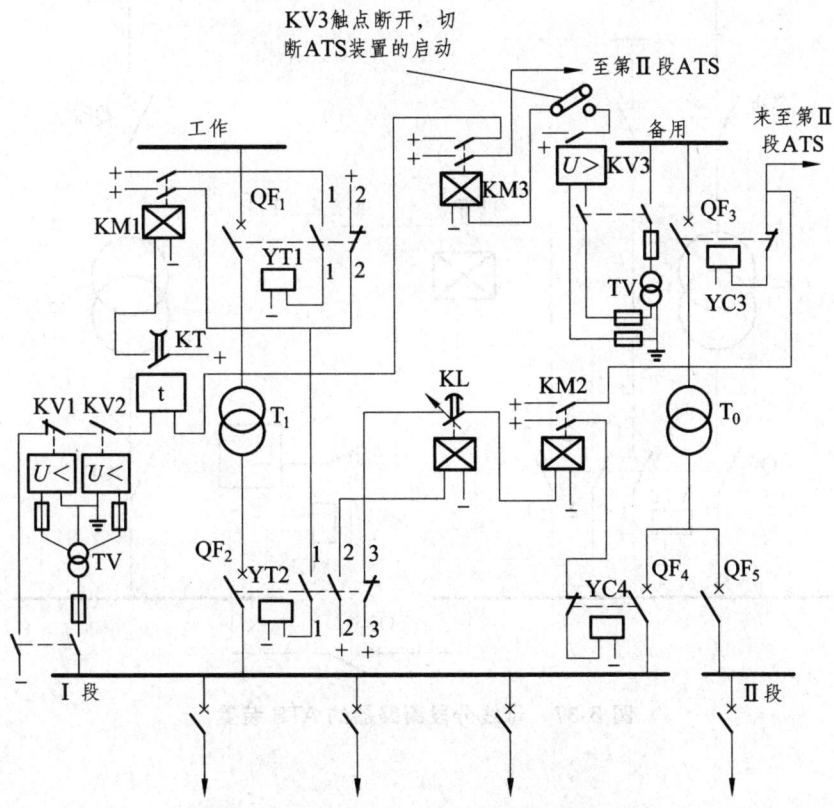

图 6-36 备用不投入运行时的接线图

复习思考题

1. 简述微机保护的特点及硬件构成。
2. 简述变电站综合自动化的结构。
3. 电力系统对自动重合闸的基本要求是什么?
4. 什么叫重合闸前加速保护,它有哪些优缺点? 主要适于什么场合?
5. 什么叫重合闸后加速保护,它有哪些优缺点? 主要适于什么场合?
6. 备自投装置有哪些用途?
7. 对备自投装置有哪些基本要求?
8. 为什么要求备自投装置在工作电源确实断开后才将备用电源投入?
9. 为什么要求备自投装置只能动作一次?
10. 将图 6-37 画成展开图,并说明其动作原理。

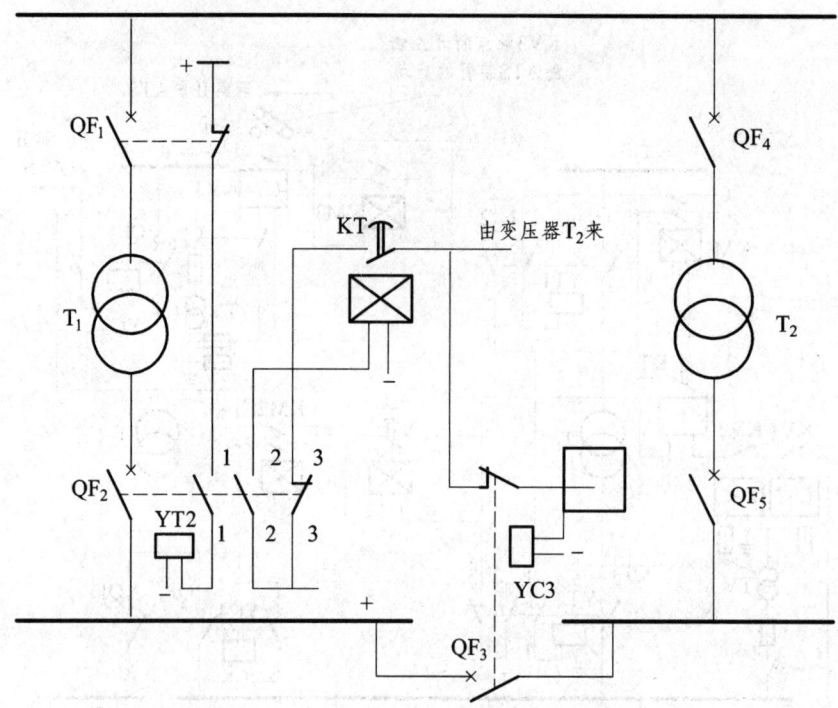

图 6-37 母线分段断路器的 ATS 装置

参考文献

[1] 陈丽华,李学武. 城市轨道交通供电系统继电保护[M]. 北京：科学出版社，2014.

[2] 王永康. 继电保护及自动装置[M]. 北京：中国铁道出版社，1986.

[3] 王维俭. 电力系统继电保护基本原理[M]. 北京：清华大学出版社，1991.

[4] 罗世平. 微机保护实现原理及装置[M]. 北京：中国电力出版社，2001.

[5] 贺家李，李永丽. 电力系统继电保护原理[M]. 北京：中国电力出版社，2010.

[6] 佟为民. 低压电器继电器及其控制系统[M]. 哈尔滨：哈尔滨工业大学出版社，2003.

[7] 王国光. 变电站二次回路及运行维护[M]. 北京：中国电力出版社，2011.

[8] 郑新才，蒋剑. 怎样看110 kV变电站典型二次回路图[M]. 北京：中国电力出版社，2009.

[9] 杨邦文. 新型继电器实用手册[M]. 北京：人民邮电出版社，2004.

[10] 方大千等. 实用电动机控制线路326例[M]. 北京：金盾出版社，2007.

[11] 王国光. 变电所综合自动化系统二次回路及运行维护[M]. 北京：中国电力出版社，2005.

[12] 郭光荣. 电力系统继电保护[M]. 北京：高等教育出版社，2014.

[13] 昆明地铁运营有限公司. 变电检修[M]. 成都：西南交通大学出版社，2015.

[14] 广州地铁. 电力调度理论培训教材[M]. 广州：中国电力出版社，2011.

[15] 李方永. 自动重合闸在输电线路上的运用[J]. 中国高新技术企业，2010（24）：95-96.